ウキウキたのしい

おんなのこの めいさく だいすき

ささき あり

西東社

もくじ

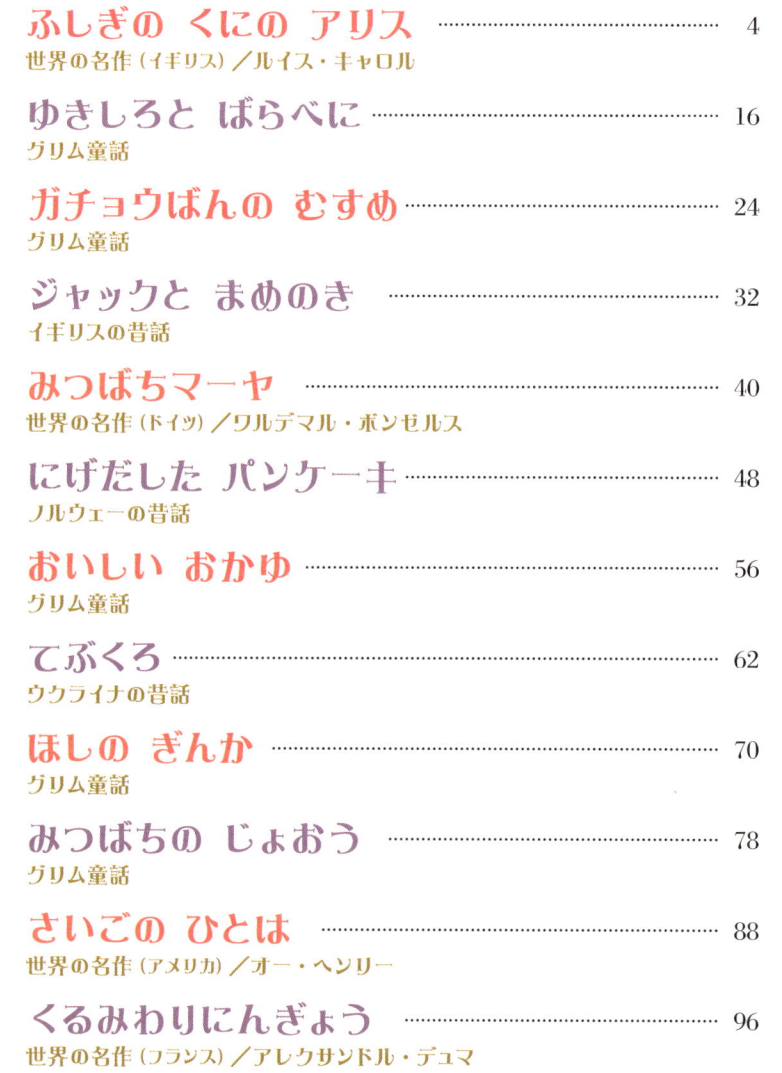

ふしぎの くにの アリス

世界の名作（イギリス）／ルイス・キャロル

ごごの　おちゃかいの　あと、
アリスは　きの　したで　くつろいでいました。
となりでは、　おねえさんが　ほんを　よんでいます。
アリスは、　あくびを　しました。
そのとき、
「たいへんだ、　たいへんだ。　　ちこくしちゃう」
しろい　うさぎが、　アリスの　よこを
かけぬけていきました。
アリスは　めを　ぱちくり。
「いまの　なに？」
いそいで　うさぎを　おいかけました。

4

うさぎは　のはらを　ぬけて、
かきねの　したの　おおきな　あなに　とびこみました。
「まって！」
アリスも　あとから　とびこみます。
あなは　ふかく、アリスは　どこまでも　おちていきました。
かれはの　やまの　うえに　おちて　たちあがると、
うさぎが　ながい　トンネルを　かけていくのが　みえました。

アリスは　うさぎの　あとを　おいかけて、
ほそながい　ひろまに　でました。
ひろまには　いろいろな　ドアが　ならんでいます。
「どこへ　いけば　いいのかしら」
テーブルの　うえに　カギを　みつけ、
つぎつぎに　ドアの　かぎあなに　さしこみました。
いちばん　ちいさな　ドアが　あき、
うつくしい　にわが　みえました。
「わあ、　すてき。　むこうへ　いきたいなぁ」

ふと　テーブルを　みると、
さっきは　なかった　びんが　のっています。
「わたしを　のみなさい」
と　かかれた　かみも　ついています。
アリスは　おもいきって　のんでみました。
すると、　からだが　みるみる　ちいさくなりました。
「これなら　あの　ドアの　むこうへ　いけるわ」
ところが、　テーブルに　おいた　カギに
てが　とどきません。
こまっていると、　テーブルの　したに
「わたしを　たべて」
と　かかれた　ケーキが　ありました。
たべると、　からだが　ぐんぐん
おおきくなっていきます。
アリスは　テーブルの　カギを
とることは　できましたが、
てんじょうに　あたまが　つくほど、
おおきくなってしまいました。

「あたしは、　なんて　まぬけなのかしら。

　これじゃあ、　ドアを　ぬけられないじゃない」

アリスは　なさけなくて、　なきはじめました。

おおきな　めから、　なみだが　こぼれます。

たちまち、　ひろまに　なみだの　いけが　できました。

そこへ、　しろい　うさぎが　とおりかかりました。

「あのう……」

アリスが　こえを　かけると、

うさぎは　ひめいを　あげました。

「きゃー、　かいぶつの　きょじんだ！」

せんすと　てぶくろを　おとして、

とんで　にげていきました。

「かいぶつだなんて、 しつれいね！」
アリスは うさぎの せんすを ひろって、
ぱたぱた あおぎました。
すると、 みるみる からだが ちいさくなり、
じぶんの なみだの いけに おちてしまいました。
「じぶんの なみだに おぼれるなんて まっぴらだわ」
アリスは きしに あがって、
うさぎの いったほうへ むかいました。

もりの　なかを　あるいていくと、
おおきな　きのこの　うえから　こえが　しました。
「おまえさん、　なにか　こまっているね」
みあげると、　いもむしが　ながい　ぱいぷを　ふかしています。
アリスは　いいました。
「おおきくなりたいの」
「きのこの　かたがわを　たべれば、　おおきくなる。
　その　はんたいがわなら、　ちいさくなるよ」
そう　いって、　いもむしは　くさむらに　きえていきました。
「ありがとう、　いもむしさん」
アリスは　きのこを　たべて　もとの　おおきさに　もどると、
ポケットに　りょうがわの　きのこの　かけらを　いれて
あるきだしました。

しばらく　いくと、　おおきな　テーブルが　みえました。

さんがつうさぎと　ぼうしやと　ねむたがりねずみが　います。

「きみの　せきは　ないよ」

と、　ぼうしやが　アリスに　いいました。

「いっぱい　あいているじゃない」

「これは　ぼくらが　じゅんばんに　すわるための　ものさ」

「へんなの」

アリスは　あきれて　また　あるきだしました。

ドアの　ついている　きが　あります。

ドアの　むこうに、　すてきな　にわが　みえました。

アリスは　ポケットに　いれた　きのこを　たべて

ちいさくなり、　ドアを　とおりぬけました。

うつくしい　にわに　みとれながら　あるいていると、
ぎょうれつが　やってきました。
トランプの　へいたいに、
いろいろな　くにの　おうさまや　おうじょさま。
あの　しろい　うさぎも　います。
さいごに　やってきた　ハートの　じょおうさまは、
あたまを　さげない　アリスを　みて、　おこりだしました。
「ぶれいもの！　この　ものの　くびを　きれ」

そのとき、　けらいが　やってきて　さけびました。

「さいばんが　はじまります」

（どんな　さいばんが　はじまるのかしら？）

みんなの　あとに　ついて、　アリスも　おしろへ　いきました。

うさぎが　ラッパを　ふきならし、

ひろまで　さいばんが　はじまりました。

「ハートの　じょおうへいかが

　パイを　おつくりに　なりました。

　その　パイを、　ハートの　ジャックが　ぬすみました」

さいばんの　あいだ、　アリスの　からだは

もとの　おおきさに　もどっていきました。

と、　うさぎが　さけびました。

「つぎの　しょうにん、　アリス。　まえへ　でよ」

ハートの　おうさまが　アリスに　ききました。

「この　じけんに　ついて、　なにか　しっておるか」

「いいえ、　なんにも」

「さあ、　じゅうだいな　しょうげんが　でたぞ。
　ゆうざいか　どうか、　けっていせよ」

「そんなの　おかしいわ」

「だまれ、　この　ものの　くびを　きれ！」

「なによ。　あんたたちなんて、　こわくないわ。
　ただの　トランプじゃない！」

アリスが　さけんだとたん、

トランプが　アリス　めがけて　とんできました。

「やめて！」

きがつくと、 アリスは おねえさんの
ひざまくらで ねていました。
「わたし、 とっても ふしぎな ゆめを みたのよ」
アリスは にっこりして、
ふしぎの くにの できごとを はなしました。

ゆきしろと ばらべに

グリム童話

もりの　なかに　ちいさな　いえが　ありました。
おかあさんと　ふたりの　おんなのこが　くらす　いえです。
いえの　まえには　2ほんの　ばらの　きが　はえていました。
ひとつには　しろい　はなが　さき、
もうひとつには　べにいろの　はなが　さきました。
ふたりの　おんなのこは　この　ばらのように
うつくしかったので、　ひとりは　ゆきしろ、
もうひとりは　ばらべにと　よばれました。

さむい　ふゆの　ばん。
トントンと、　とを　たたく　おとが　しました。
はいってきたのは　おおきな　くま。
「すこしだけ　からだを　あたためさせてもらえませんか」
「どうぞ　だんろの　そばに　いらっしゃい」
おかあさんは　くまを　やさしく　まねきいれました。
くまは　だんろの　まえで　ごろりと　よこに　なりました。
ゆきしろと　ばらべには　すぐに　くまと　なかよくなり、
せなかに　のったり、　くすぐったりして　あそびました。
そうして　くまは　よるを　おんなのこたちの　いえで
すごし、　あさ、　もりへ　かえっていくように　なりました。

ゆきが　とけて、　もりに　みどりが　ふえてくると、
くまは　ふたりに　いいました。
「きょうで　おわかれです」
「どうして？」
「はるに　なると、　わるい　こびとが　うごきだします。
　　こびとは　わたしの　たからものを　ねらっているので、
　　とられないよう　まもらなければ　なりません」
ふたりは　くまと　わかれたくありませんでしたが、
えがおで　みおくりました。

すっかり　はるに　なると、　ゆきしろと　ばらべには
たきぎを　ひろったり、　さかなを　つったりするため、
もりの　おくへ　いきました。
そこで、　ふたりは　たびたび　こびとに　あいました。
こびとが　きの　さけめに　ひげを　はさんで
うごけなくなっていたことも　あれば、
つりいとが　ひげに　からまったせいで、　さかなに　かわへ
ひきずりこまれそうに　なっていたことも　ありました。
そのたびに、　ふたりは　こびとの　ひげを　すこし　きって
たすけてやりました。

ふたりに　たすけてもらったにも　かかわらず、
こびとは　きいきい　おこりました。
「わしの　だいじな　ひげを　きりやがったな！」
こびとにとって　ひげは　まりょくを　もつ、
だいじな　ものだったのです。
「こんど　おなじことを　したら、　ゆるさないぞ」
そう　いいすてると、　こびとは　きんかや　しんじゅの
はいった　ふくろを　かついで、
どこかへ　いってしまいました。

あるひ、　ふたりは　のはらで　こびとに　あいました。
こびとは　ほうせきを　かぞえていました。
そのとき、　おおきな　くまが　はしってきて、
こびとを　つかまえたのです。
「たからものは　かえすから、　はなしてくれ」
こびとは　きいきい　さけびましたが、
くまは　うなりごえを　あげて　こびとを　なぐりました。
それきり、　こびとは　うごかなくなりました。
おどろいた　ゆきしろと　ばらべには　にげだしました。
ところが、
「まってください！」
くまが　ふたりを　よびとめたのです。
ゆきしろと　ばらべにが　ふりかえると……

くまの　からだから　するりと　けがわが　ぬげおちました。
あらわれたのは、　きんいろの　いしょうを　まとった
おうじさま！
「わたしは　こびとに　のろいを　かけられて、
　くまに　なっていたのです。　こびとは　わたしが
　もりに　かくした　たからものを　ぬすんでいました。
　でも、　こびとが　しんだので、　のろいは　とけ、
　たからものを　とりもどすことも　できました。
　あなたがたが　こびとの　ひげを　きって、
　まりょくを　よわくしてくれた　おかげです」

やがて、 ゆきしろは おうじさまと けっこんし、
ばらべには おうじさまの おとうとと けっこんして、
おしろで くらすことに なりました。
ゆきしろと ばらべにの おかあさんも
むすめたちの いる おしろで しあわせに くらしました。
いえの まえに あった 2ほんの ばらは おしろの にわに
うつされ、 きれいな はなを さかせたと いうことです。

ガチョウばんの むすめ

グリム童話

ある　くにに　ひとりの　おひめさまが　いました。
じょおうは　ひとりむすめの　おひめさまを
とても　だいじに　そだてました。
やがて、　おひめさまは　とおくの　くにへ
およめに　いくことに　なりました。
じょおうは　おひめさまが　ぶじに　たどりつけるよう、
おともの　じじょと　しゃべれる　うまを　よういしました。
また、　じょおうは　じぶんの　ちを　3てき
ハンカチに　たらして、　おひめさまに　わたしました。
「この　ハンカチは　あなたを　まもってくれます」

おひめさまと　じじょは　それぞれ　うまに　のって
でかけました。
かわの　ほとりで、　おひめさまは　じじょに　いいました。
「のどが　かわいたので、
　コップに　みずを　くんできてくれませんか」
じじょは　ツンと　そっぽを　むきました。
「のどが　かわいたなら、
　かわに　くちを　つけて　みずを　のめば　いいじゃない」
しかたなく、　おひめさまは　かわの　みずを　すくって
のみました。
すると、　むなもとに　しまっていた　おまもりの
ハンカチが　かわに　おちて　ながされてしまいました。

ハンカチが　なくなれば、
おひめさまを　まもるものは　なにも　ありません。
じじょは　おひめさまに　めいれいしました。
「その　ドレスを　ぬいで、
　わたしの　ふくと　こうかんするのよ」
じじょは　おひめさまの　ドレスを　きて、
おひめさまの　うまに　のりました。
「このことは　だれにも　いうんじゃないよ。
　いえば、　いのちは　ないからね」

おしろに　つくと、　じじょは　おうじさまに　いいました。
「はじめまして、　おうじさま。
　　わたしが　けっこんあいてです」
ほんものの　おひめさまは　なにも　いえません。
じじょは、　おうさまにも　いいました。
「わたしの　じじょが　なまけないよう、
　　しごとを　いいつけてください」
おうさまは　ほんものの　おひめさまに　ガチョウの　せわを
する　ガチョウばんに　なるよう　めいれいしました。
それと　もうひとつ、　じじょは　おうさまに　たのみました。
「わたしの　うまを　ころしてください」
おひめさまの　しゃべれる　うまが　ほんとうの　ことを
いわないように　したかったのです。

ガチョウばんの　おひめさまは
かわいがっていた　うまが　ころされたことを　しると、
おしろの　けらいに　おねがいしました。
「うまの　くびを　もらえませんか」
おひめさまは　なきながら　うまの　くびを
もんの　かべに　かざりました。
よくあさから、　おひめさまは
ガチョウの　せわを　しに　もんを　でるとき、
うまの　くびに　はなしかけるように　なりました。
「ああ、　おまえが　こんなことに　なってしまうなんて……」
すると、　うまの　くびが　こたえました。
「おひめさまが　ガチョウばんに　なったと　しったら、
　じょうさまは　どれほど　かなしまれることでしょう」

うまの　くびと　はなす　ガチョウばんの　うわさは
おうさまにも　つたわりました。
ふしぎに　おもった　おうさまは、ガチョウばんの
おひめさまを　へやに　よんで　いいました。
「なぜ、うまは　おまえを　おひめさまと　よぶのだ？」
「わかりません」
なんど　きいても、
おひめさまは　わからないと　くびを　ふります。
おうさまが　あきらめて　へやを　でていくと、
おひめさまは　ぽろぽろと　なみだを　こぼしました。
「わたしが　ほんとうの　ひめだと　いえば、
　あの　じじょに　ころされるでしょう……」
この　つぶやきを　おうさまは　へやの　そとで
こっそり　きいていました。
「そうだったのか」

おうさまは　ガチョウばんの　おひめさまに
りっぱな　ドレスを　よういしました。
ドレスを　きた　おひめさまは、　ひかり　かがやくようです。
おひめさまが　ひろまへ　いくと、　みなは　うっとりしました。
おうさまは　ひめに　なりすました　じじょに
わざと　ききました。
「ひとを　だまして　けっこんしようと　している　ものが
　いるのだが、　どうしたら　いいだろう？」
「そういう　ものは　まちじゅうを　ひきまわして、
　ろうやに　いれるべきですわ」
「では、　その　とおりに　しよう。　ほんとうの
　ひめでは　ない　おまえに　ばつを　あたえる！」
じじょは　まっさおに　なり、　いいわけも　できないまま、
けらいに　つれていかれました。

おうじさまは　ガチョウばんの　おひめさまの
てを　とりました。
「この　かたこそ、　ほんものの　おひめさまです」
わっと　はくしゅが　おこりました。
おひめさまと　おうじさまは　けっこんし、
ふたりは　いつまでも　なかよく　くらしたと　いうことです。

ジャックと まめのき

イギリスの昔話

まずしい いえに ジャックと いう おとこのこが
おかあさんと ふたりで くらしていました。
あるひ、 ジャックが うしを うりに いちばへ
むかっていると、 ふしぎな おとこに あいました。
「その うしを てんまで のびる まほうの まめと
　こうかんしてくれないか?」
「すごい。 まほうの まめだって?」
ジャックは まめが ほしくなり、
うしと こうかんしてしまいました。
うちへ かえると おかあさんは かんかんです。
「なんて ばかなことを したんだい!」
おこって まどから まめを なげすてました。

よくあさ、　ジャックが　おきると、
まどの　そとに　おおきな　まめのきが　そだっていました。
「うわあ。　ほんとうに　てんまで　のびている！」
きの　てっぺんは　くもに　かくれて　よく　みえません。
「ようし。　うえまで　いってみよう」
ジャックは　まめのきを　ずんずん　のぼっていきました。

くもの　うえには
おやしきが　ありました。
ジャックが　ドアを　たたくと、
おおきな　おんなのひとが　でてきました。
「まあ、　ここに　きては　だめよ。
　うちの　ひとは　にんげんの
　こどもが　だいこうぶつなんだから」
と、　そのとき。

ズシーン、　ズシーン、　ズシーン！

あたりを　びりびりと　ゆらして、
あしおとが　ちかづいてきました。
「たいへん、　うちの　ひとが　かえってきた。
　はやく、　かくれて」

ジャックは　いえに　はいって、
かまどに　かくれました。
「うまそうな　こどもの　においが
　するぞ」
きょじんが　いうと、　おんなのひとは
くびを　よこに　ふりました。
「きのう　たべた　こどもの
　においが　のこっているのよ」
きょじんは　あさごはんに　こうしを
ぺろっと　たいらげると、　きんかを
とりだして　かぞえはじめました。
そのうちに、　うとうと　いねむりを
はじめたので、　ジャックは　こっそり
きんかを　もって　いえに
かえりました。

きんかを　つかいはたしてしまうと、
ジャックは　また　まめのきを　のぼりました。
おやしきの　かまどに　かくれて　きょじんを　まっていると、

ズシーン、　ズシーン、　ズシーン！

きょじんは　かえってくるなり、
にわとりを　テーブルに　のせて　いいました。
「たまごを　うめ！」
にわとりは　きんで　できた　たまごを　うみました。

しばらくすると、きょじんは また
いねむりを しはじめました。
ジャックは そのすきに、
にわとりを かかえて にげだしました。
ところが……。

コケッコッコー！

にわとりの なきごえで、
きょじんが めを さましてしまったのです。
「おれの にわとりを ぬすんだのは だれだあ！」
ズシン ズシンと、ジャックの あとを おいかけてきます。

ジャックは　いそいで　まめのきを　おりました。
きょじんも　どんどん　おりて　ちかづいてきます。
「まてえ、　こぞう！」
ジャックは　じめんに　つくと、　おのを　とり
まめのきに　むかって　ちからいっぱい　ふりました。

ズコーン！　メキメキメキ、　ドッシーン！

まめのきが　たおれ、
きょじんは　じめんに　おちて　しんでしまいました。
ジャックと　おかあさんは　きんの　たまごを　うむ
にわとりの　おかげで　おかねもちに　なり、
いつまでも　しあわせに　くらしたと　いうことです。

みつばちマーヤ

世界の名作（ドイツ）／ワルデマル・ボンゼルス

みつばちは　はなの　みつを　あつめるのが　しごとです。
みつばちの　こ　マーヤも　しごとを　するために、
なかまと　いっしょに　はじめて　すの　そとに
でかけました。
マーヤは　うきうきしていました。
いろとりどりの　はなばたけ、
はっぱから　こぼれる　あさつゆ。
みるもの　すべてが　かがやいています。
とびまわるうちに　なかまと　はぐれてしまっても、
おかまいなし。
「ああ、　たのしい。
　　もっと、　いろいろな　ものを　みたいわ」

マーヤが　くさむらを　とんでいると、
さけびごえが　きこえてきました。
こがねむしが　あおむけに　なって、　もがいています。
「おきあがれないんだ。　だれか、　たすけてくれ」
マーヤは　はっぱを　たおしました。
「この　はっぱに　つかまって」
こがねむしは　はっぱを　つかんで　おきあがりました。
「ありがとう。　たすかったよ。
　　きみは　どこかへ　いくところかい？」
「わたしは　マーヤ。　いろいろな　ところへ　いきたいの」
そう　いって、　マーヤは　とびたちました。

マーヤが　いけの　そばを　とおりかかると、
ハエが　ちかよってきました。
「やあ、　こんにちは」
「こんにちは」
マーヤが　あいさつを　かえした　そのとき、
ハエは　おおきな　トンボに　つかまってしまいました。
マーヤは　ふるえました。
「どうして　そんなことを　するの？」
トンボは　マーヤを　まっすぐに　みつめかえしました。
「いきるためさ」

マーヤは　いそいで　にげました。
うきうきした　きもちは、　すっかり　しぼんでいました。
　（いきていくために　べつの　いのちを　もらう。
　　それは、　しかたがないことなの？）
かんがえていると、　ふわんと　なにかに　ひっかかりました。
べとべとした　いとです。
「なにかしら？」
とろうとして　もがけば　もがくほど、
いとは　からまり、　きつく　しまっていきます。
そこに、　けむくじゃらの　くもが　ちかづいてきました。
「うまそうな　おちびさんが　ひっかかったぞ」

マーヤは　いきを　のみました。

（あたしも　あの　ハエさんのように　たべられるんだわ）

「いや、　いや。　たすけてー！」

その　こえを、　こがねむしが　ききつけました。

「マーヤ！　いま、　たすけるぞ」

こがねむしは　くもの　すの　はしを　つかむと、　ずるずると
たぐりよせて、　マーヤを　じめんに　おろしました。

「もう、　だいじょうぶだよ」

マーヤは　ほっと　いきを　つきました。

「こがねむしさん、　ありがとう」

マーヤは　すへ　かえることに　しました。

ところが、　スズメバチの　すの　そばを　とおったとき、
いりぐちに　いた　へいたいに　つかまってしまいました。

「なにしに　きた。　ひみつを　さぐりに　きたのか？」

「なにも　しないわ。　はなして」

あばれる　マーヤを、　スズメバチは　かるがる　おさえつけ、
ろうやに　とじこめました。

マーヤが　ないていると、

ちかくの　へやから　はなしごえが　きこえてきました。

「あした、　みつばちの　すを　おそう。
　じゅんびを　しておけ」

（たいへんだわ。　みんなに　しらせなくちゃ！）

マーヤは　かべの　すきまを　ひっしに　かじって、

にげだしました。

やすみなく　とびつづけ、すに　つくなり　さけびました。

「じょうさま、　たいへんです。

　スズメバチが　せめてきます」

その　しらせで　へいたいばちが　あつめられ、

いりぐちも　しっかり　とじられました。

スズメバチが　つぎつぎに　おそいかかってきましたが、

みつばちたちは　なんとか　すを　まもることが　できました。

じょうおうばちは　マーヤに　いいました。

「マーヤの　おかげで　たすかりました」

「じょうおうさま。　かってに　とびまわって、　ごめんなさい。

　これからは　そとの　せかいで　まなんだことを　わすれず、

　しっかり　はたらきます」

「りっぱですよ、　マーヤ。

　あなたは　もう　いちにんまえの　みつばちです」

マーヤは　なかまと　そとへ　とびだしました。

「さあ、　みつを　たくさん　あつめましょう」

にげだした パンケーキ

ノルウェーの昔話

おかあさんが 7にんの こどもたちに パンケーキを
やいていました。
「おかあさん、 まあだ?」
7にんの こどもたちが くちぐちに せかします。
「はいはい、 もうすぐよ」
おかあさんが パンケーキを ひっくりかえそうとした
そのときです。
パンケーキが ぴょんと とびだして、
ころころ そとへ でていきました。
「まてえ〜」
おかあさんと こどもたちが おいかけましたが、
パンケーキは どんどん ころがって、
やがて みえなくなりました。

パンケーキが　ころころ　ころがっていくと、
おとこのひとに　あいました。
「おいしそうな　パンケーキくん。
　ちょっと　おまちよ。　たべてあげるから」
「やあだよ。　たったいま、　おかあさんと
　7にんの　こどもたちから　にげてきた。
　おまえになんか、　つかまるか！」
パンケーキは　ぐんと　スピードを　あげました。

そうして、　ころころ　ころがっていくと、
めんどりに　あいました。
「あらあら、　おいしそうな　パンケーキ。
　ちょっと　まって。　たべてあげるわ」
「やあだよ。　たったいま、　おかあさんと
　7にんの　こどもたちと、　おじさんから　にげてきた。
　おまえになんか、　つかまるか！」
パンケーキは　ますます　スピードを　あげました。

パンケーキが　ぐんぐん　ころがっていくと、
いぬに　あいました。
「やっほー、　おいしそうな　パンケーキだ。
　　たべてあげよう。　ちょっと　まってよ」
「やあだよ。　たったいま、　おかあさんと
　　7にんの　こどもたちと、　おじさんと、
　　めんどりから　にげてきた。
　　おまえになんか、　つかまるか！」
パンケーキは　ぐいんと、　いぬを　かわして、
ころがっていきました。

そうして、　ぐんぐん　ころがっていくと、
あひるに　あいました。
「おやおや、　おいしそうな　パンケーキだこと。
　　ちょいと　まちなよ。　たべてあげるわ」
「やあだよ。　たったいま、　おかあさんと
　　7にんの　こどもたちと、　おじさんと、
　　めんどりと、　いぬから　にげてきた。
　　おまえになんか、　つかまるか！」
パンケーキは　ひょいっと　あひるを　とびこえて、
ころがっていきました。

パンケーキが　ぐんぐん　ころがっていくと、
ぶたに　あいました。
「やあ、　パンケーキくん。　おさんぽかい？」
パンケーキは　またかと　おもって　いいました。
「たったいま、　おかあさんと、
　7にんの　こどもたちと、　おじさんと、
　めんどりと、　いぬと、　あひるから　にげてきた。
　おまえになんか、　つかまるか！」
すると、　ぶたが　のんびり　いいました。
「ぼくと　いっしょに　さんぽしようよ。
　ひとりより　ふたりの　ほうが　たのしいよ」

パンケーキは　それも　いいかと、　ぶたと　いっしょに
ゆるゆる、　さんぽを　することに　しました。
しばらく　いくと　かわに　でました。
ところが、　どこにも　はしが　ありません。
ぶたは　かわに　とびこみ、　ぷかぷか　うかんで　いました。
「パンケーキくん。　ぼくの　はなの　うえに　のりなよ。
　ぬれずに　かわを　わたれるよ」

パンケーキは　ぶたの　はなの　うえに　とびのりました。
すると
「ふんふん。　ああ、　いい　におい」
そうして　ぱくんと、　パンケーキを　たべてしまいました。

おいしい おかゆ

グリム童話

あるところに、　とても　まずしい
おかあさんと　おんなのこが　いました。
とうとう　たべものが　なくなり、
おんなのこは　もりへ　きのこを　とりに　いきました。

すると、 おばあさんに であいました。
「ひとりで もりに きたら あぶないよ」
おんなのこは しょんぼりして いいました。
「たべるものが ないから きのこを とろうと おもったの」
「それなら、 これを もっておいき」
おばあさんは なべを くれました。
「なべなべ にえろと いえば、 おかゆが できる。
　とめたくなったら、 なべなべ とまれと いうんだよ」

おんなのこは　いえに　かえると、
さっそく　なべに　むかって　いいました。
「なべなべ　にえろ」
なべに　ふつふつと　おかゆが　わいてきます。
いっぱいに　なったところで、
「なべなべ　とまれ」
おかゆは　ぴたっと　ふえなくなりました。
おんなのこと　おかあさんは
おいしく　おかゆを　たべました。

おんなのこが　るすの　とき、
おかあさんは　なべを　だして　いいました。
「なべなべ　にえろ」
たちまち　おかゆが　できあがりました。
おなかが　いっぱいになった　おかあさんは、
おかゆを　とめようと　しましたが、
とめる　じゅもんが　おもいだせません。
そのうちに　なべから　おかゆが
ぶくぶくと　あふれてきました。

おかゆは　へやを　うめつくし、
いえから　どんどん　あふれでました。
みちに　ながれだし、　まちじゅうに　ひろがっていきます。
まちの　ひとびとは　こまりましたが、
どうすることも　できません。

おかゆが　まちの　はずれまで　ひろがったとき、
ようやく　おんなのこが　かえってきました。
「なべなべ　とまれ」
おかゆは　ぴたっと　とまりました。
そのあと、　まちの　ひとびとは　そとを　あるくのに、
おかゆを　たべないと　すすめなかったと　いうことです。

てぶくろ

ウクライナの昔話

ゆきが　こんもり　つもった　もりの　なか。
てぶくろが　かたほう　おちていました。
そこへ、

チロ、　チロ、　チロ。

ねずみが　やってきました。
「あたたかそう。　ここで　くらそう」
ねずみが　てぶくろに　もぐりこむと、

ピョコ、　ピョコ、　ピョコ。

かえるが　やってきました。
「あたたかそうね。　わたしも　いれて」
「どうぞ」

ねずみと　かえるが
ほこほこ　あたたまっていると、

ピョン、　ピョン、　ピョン。

うさぎが　やってきました。
「あたたかそうだなあ。　ぼくも　いれてよ」
ねずみと　かえるは　こえを　そろえて　いいました。
「どうぞ」
「わあ、　あたたかーい」
３びきは　ぬくぬく、　にこにこ。

ねずみ、　かえる、　うさぎが　あたたまっていると、

スタッ、　スタッ、　スタッ。

きつねが　やってきました。
「あたたかそうねえ、　わたしも　いれて」
かえると　うさぎは　かおを　みあわせました。
「どうする？」
「きつねは　ぼくらを　おいまわすからなあ」
「でも、　さむいときは　たすけあわないと」
ねずみの　ことばに、　かえると　うさぎも　うなずきました。
「どうぞ」
きつねは　３びきを　おどろかさないよう、
そっと　なかに　はいりました。

ねずみ、　かえる、　うさぎ、　きつねが　あたたまっていると、

ザック、　ザック、　ザック。

おおかみが　やってきました。
「あたたかそうだな。　おれも　いれてくれ」
みんなは　こそこそ　そうだんしました。
「どうする？」
「おおかみは　わたしたちを　つかまえるからねえ」
「でも、　さむいときは　たすけあわないと」
ねずみが　いうと、
かえると　うさぎと　きつねは　うなずきました。
「どうぞ」
おおかみは　えんりょがちに　すみの　ほうに　はいりました。

ゆきは　しだいに　はげしくなり、　ふぶきに　なりました。
ねずみ、　かえる、　うさぎ、　きつね、　おおかみが
あたたまっていると、

ズザザザザッ。

いのししが　やってきました。
「あたたかそうだな。　わしも　いれてくれないか」
みんなは　ぎょっと　しました。
「もう　ぎゅうぎゅうだよ」
「すみっこに　なんとか　はいるから」
いのししが　たのむので、
みんなは　しかたなく　うなずきました。
「どうぞ」

ぎゅ、　ぎゅぎゅぎゅぎゅう～。

いのししは　おしりから　ぐりぐり　はいりました。

こうして、 ねずみ、 かえる、 うさぎ、 きつね、
おおかみ、 いのししが あたたまっていると、

ズボッ、 ズボッ、 ズボッ。

くまが やってきました。
「やあ、 あたたかそうだな。 ぼくも いれてよ」
みんなは くびを ふりました。
「むりです。 もう いっぱいです」
「いや、 なんとしても はいってみせる」
くまが つよく いうので、
みんなは しぶしぶ うなずきました。
「どうぞ」

ぎし、 みしみしみし〜。

てぶくろは いまにも はじけそうです。

そこへ、

うぉん、　おん、　おん！

いぬが　３びき　はしってきて、
てぶくろに　とびかかろうとしました。
「わあ〜」
どうぶつたちは　びっくり。
あわてて　てぶくろを　とびだし、　にげていきました。

いぬたちの　あとから、

おじいさんが　ゆっくり　あるいてきました。

「ここに　おちていたか」

おじいさんは　てぶくろを　ひろいあげると、

みぎてに　はめました。

「おや？」

おじいさんは　くびを　かしげました。

ゆきの　なかに　おちていたのに、

てぶくろが　ほんわか、　あたたかかったからです。

ほしの ぎんか

グリム童話

あるところに、 こころの やさしい おんなのこが いました。
おとうさんと おかあさんは とうに なくなり、
まずしさに くらす いえも ありません。
とうとう、 きている ものと たった ひとつの パンの
ほかには なにも なくなって しまいました。
「きっと、 いいことも あるわ」
おんなのこは きぼうを すてずに、 あるいて いきました。

のはらに　いくと、　まずしい　おとこのひとに　あいました。
「おなかが　すいて　たまりません。
　なにか　たべものを　めぐんでください」
おんなのこは　おとこのひとに　パンを　あげました。
「かみさまの　おめぐみが　ありますように」

また　あるいていくと、
ちいさな　おとこのこが　やってきました。
「あたまが　さむいよ。かぶるものを　ちょうだい」
おんなのこは　かぶっていた　ぼうしを　あげました。

しばらく　いくと、　ちいさな　おんなのこが
さむさに　ふるえていました。
おんなのこは　コートを　ぬいで、　あげました。
「どうぞ　これを　きてちょうだい」

つぎに　あった　こは、　したぎしか　きていませんでした。
「どうか、　ふくを　くれませんか」
おんなのこは　ふくを　ぬいで、　あげました。

あたりが　くらくなったころ、
おんなのこは　もりに　つきました。
もりの　なかで　はだかの　こに　あいました。
「なにか　きるものを　くれませんか」
おんなのこが　きているのは　したぎだけです。
「もう　くらいし、だれにも　みられないから　いいわ」
おんなのこは　したぎを　あげました。
「かみさまの　おめぐみが　ありますように」
おんなのこには　もう　なにも　ありません。
たった　ひとりで　たっていると……。

そらから、きらきら　かがやく　ほしが　おちてきました。
「わあ」
おんなのこが　みとれていると、
じめんに　おちた　ほしは　すべて　ぎんかに　なりました。
そのうえ、おんなのこは　いつのまにか、
あたらしい　ようふくを　きていました。
「ゆめじゃないかしら……」
それから、おんなのこは　いっしょう
しあわせに　くらしました。

みつばちの じょおう

グリム童話

あるところに 3にんの きょうだいが いました。
うえの ふたりは いさましく ゆうかんでしたが、
すえの おとうとは やさしく おっとりしていました。
あるひ、3にんは たびに でました。

あるいていく　とちゅうで、　ありの　すを　みつけました。
ふたりの　あには　えだで　ありの　すを
ほじくろうと　しました。
すえの　おとうとは　ふたりに　いいました。
「いきものを　いじめるのは　いやだよ」
「ふん、　つまんない　やつだな」
ふたりの　あには　ありの　すを　ほるのを　やめました。

また　しばらく　いくと、
みずうみに　つきました。
ふたりの　あには　いいました。
「およいでいる　かもを　2、3わ
　　つかまえて、　たべよう」
すえの　おとうとは
くびを　よこに　ふりました。
「いきものを　ころすのは　いやだよ」
「まったく、
　　おまえは　よわむしだな」
ふたりの　あには　かもを
つかまえるのを　やめました。

つぎに　ふたりが　みつけたのは
みつばちの　すでした。
「みつばちを　いぶし　ころして、
　　はちみつを　とろう」
すえの　おとうとは　また、
くびを　よこに　ふりました。
ふたりの　あには　はちみつを
とるのを　やめました。

やがて、　３にんは　おおきな　おしろに　つきました。
おしろの　なかは、　せきぞうだらけです。
３にんは　くびを　かしげました。
「せきぞうだらけなんて、　へんな　しろだな」
すると、　おくから　こびとが　あらわれました。
こびとは　３にんを　しょくどうへ　つれていって
ごちそうで　もてなしたあと、
べつべつの　しんしつへ　あんないしました。

つぎの　あさ、　こびとは　いちばん　うえの　あにを
いしの　いたの　まえに　つれていきました。
いしの　いたには　みっつの　かだいが　かかれていました。
それを　とけば、　おしろに　かけられた　まほうが
とけると　いうのです。
ひとつめの　かだいは、
もりの　なかの　こけの　したに　かくされている、
おひめさまの　しんじゅ　1000こを　さがしだすことです。
ただし、　ひが　しずむまえに　1こでも　たりなければ、
さがした　にんげんは　いしに　なると　ありました。

ゆうかんな　あには　さっそく　もりへ　でかけました。
しかし、　ひが　しずむまでに　みつけたのは　100こ。
あには　たちまち　いしに　なってしまいました。
あくるひ、　ちょうせんした　にばんめの　あには
200こしか　みつけられず、
やはり　いしに　なってしまいました。

とうとう　すえの　おとうとの　ばんに　なりました。
おとうとは　もりの　なかで　しんじゅを　さがしましたが、
なかなか　みつけられません。
（ぼくも　いしに　なるのか）
おとうとが　なげいていると、　ありの　おうさまが
5000びきの　ありを　つれて　やってきました。
「わたしたちは　あなたに　たすけていただいた　ありです。
　おんがえしを　しに　やってきました」
ありたちは　つぎつぎに　しんじゅを　みつけだし、
またたくまに　1000こを　つみあげました。

ふたつめの　かだいは、　おひめさまの　しんしつの　かぎを
みずうみの　なかから　とってくることでした。
おとうとが　みずうみに　いくと、
かもたちが　とんできました。
「わたしたちは　あなたに　たすけていただいた　かもです。
　おんがえしを　しに　やってきました」
そう　いって、　かもたちは　みずうみの　そこから
かぎを　とってきてくれました。

みっつめの　かだいは、
ねむっている　3にんの　おひめさまの　なかから
すえの　おひめさまを　あてることでした。
しかし、　3にんは　そっくりです。
ゆいいつの　ちがいは　ねるまえに　それぞれが　おさとうと
シロップと　はちみつを　たべたと　いうことだけでした。
おとうとが　こまっていると、
みつばちの　じょおうが　やってきました。
「わたしは　あなたに　たすけていただいた　みつばちです。
　おんがえしを　しに　やってきました」
みつばちの　じょおうは　3にんの　おひめさまの　うち、
はちみつを　なめた　おひめさまの　くちもとに　とまりました。

おとうとは　さけびました。
「この　かたが　すえの　おひめさまです！」
たちまち、　おしろに　かけられた　まほうは　とけ、
ふたりの　あにや　いしに　なったものは　すべて
もとに　もどりました。
おとうとは　すえの　おひめさまと　けっこんし、
ふたりの　あには　ふたりの　おひめさまと　けっこんして、
しあわせに　くらしました。

さいごの ひとは

世界の名作（アメリカ）／オー・ヘンリー

れんがの　たてものが　ならぶ　うらどおり。
３がいだての　アパートメントの　やねうらべやに、
スーと　ジョンジーと　いう　ふたりの　わかい　えかきが
くらしていました。
ふたりは　りっぱな　えかきに　なると　いう
ゆめに　むかって、　こつこつ　どりょくしていました。

ところが、　ふゆの　あるひ、
ジョンジーが　おもい　びょうきに　かかってしまったのです。
ジョンジーは　ベッドから　おきあがれなくなり、
もう　ながくは　いきられないと　おもうように　なりました。
おいしゃさんは　スーに　いいました。
「いきたいと　いう　きもちが　なければ、
　どんな　ちりょうも　きかなくなる」
スーは　いっしょうけんめい　ジョンジーを　はげまし、
かんびょうしました。

あるひ、　ジョンジーは　まどの　そとを　みて、
なにかを　かぞえていました。
「12……11、　10、　9」
スーは　たずねました。
「ねえ、　なにを　かぞえているの？」
「はっぱよ。　となりの　たてものに
　つたが　はっているでしょう。　かぜで　はっぱが　1まい、
　また1まいと　おちていくの。　あの　はっぱが
　すべて　おちたら、　わたしも　てんごくへ　いくんだわ」
スーは　まどの　シェードを　おろしました。
「なに　いってるの。　ゆっくり　やすめば、　よくなるわ」

しばらくして、 ジョンジーが　ねむると、 スーは
したの　かいに　すむ　ベアマンじいさんを　たずねました。
ベアマンじいさんは　わかいころから
えを　かいていましたが、
ひとつとして　よい　さくひんを　のこせないでいました。
あうたびに 「わしは　けっさくを　かくぞ」と　いいますが、
へやの　すみに　たてかけられた　カンバスは
いつも　しろいままでした。

スーは　ベアマンじいさんに　ジョンジーの　ことを
はなしました。
はなしを　きいた　ベアマンじいさんは
なみだを　うかべました。
「はっぱが　おちたら　じぶんも　しぬなんて、
　そんな　ばかなことが　あるか！」
スーと　ベアマンじいさんは　まどから　つたを　みました。
そとには　ゆきまじりの　つめたい　あめが　ふっていました。

よくあさ、　ジョンジーは　めを　さますと、
スーに　いいました。
「シェードを　あけてちょうだい。
　はっぱが　どうなったのか、　みたいの」
スーは　いやな　よかんが　しました。
ゆうべは　ひとばんじゅう、　たたきつけるような
あめと　かぜが　つづいていたのです。
スーは　しぶしぶ　シェードを　あけました。
すると、　なんとか　1まいだけ、
はっぱが　のこっていたのです。
スーは　ほっと　しました。

つぎの　ひも、　つたの　はっぱは　のこっていました。
ジョンジーは　スーに　いいました。
「わたし、　ばかだったわ。
　ながくは　いきられないと　おもうなんて　ばちあたりね。
　つるに　ひっしに　しがみついている、
　あの　はっぱが　おしえてくれたわ」
つぎの　ひ、　おいしゃさんは
スーに　うれしい　ことばを　くれました。
「ジョンジーは　もう　だいじょうぶだ。
　しばらく、　ゆっくり　やすめば　なおるだろう」
しかし、　おいしゃさんの　もうひとつの　しらせは、
とても　かなしいことでした。

おいしゃさんが　かえったあと、

スーは　ジョンジーを　だきしめて　いいました。

「ベアマンさんが　きょう　なくなったんですって。

　おととい、　びしょぬれで　くるしがっていたところを、

　びょういんに　はこばれたの。　ねえ、　あの　はっぱは

　かぜが　ふいても　ゆれないって　しってた？

　さいごの　1まいが　おちた　よる、

　ベアマンさんが　あの　はっぱを　かいたのよ」

ベアマンじいさんは　ほかの　だれも　かくことの　できない

けっさくを　のこしたのです。

ジョンジーの　いきる　きぼうと　なった　えを。

くるみわりにんぎょう

世界の名作（フランス）／アレクサンドル・デュマ

クリスマス・イブ。
マリーと　あにの　フリッツは、
プレゼントの　やまを　みて　こえを　あげました。
「わあ、　すごーい！」
フリッツは　さっそく、うまに　のった　へいたいの
おもちゃで　たたかいごっこを　はじめました。
マリーは　たくさんの　にんぎょうを　もらいましたが、
いちばん　きにいったのは
ちょっと　かわった　にんぎょうでした。

きしの　すがたを　した　にんぎょうは、　りっぱな
コートに　ぴかぴかの　ながぐつを　みに　つけています。
ですが、　あたまと　くちが　おおきくて
ぶかっこうなのです。
「これは　くるみわりにんぎょうと　いうんだ」
おとうさんは　にんぎょうの　くちを　あけると、
くるみを　なかに　いれました。
バリバリっと　おとが　して　くるみの　からが　くだけ、
なかの　みが　マリーの　てに　おちました。
マリーは　めを　かがやかせました。
こんな　ちからづよい　にんぎょうを　みたのは
はじめてだったからです。
「わたし、　この　にんぎょうを　だいじに　するわ」
マリーは　くるみわりにんぎょうを　だきしめました。

ところが、　やんちゃな　フリッツが　やってきて、
マリーから　くるみわりにんぎょうを　とりあげました。
「ぶさいくな　にんぎょうだな」
フリッツは　にんぎょうの　くちに、　おおきくて　かたい
くるみを　いくつも　おしこみました。
ゴリッと　いやな　おとが　したあと、
くるみわりにんぎょうの　はは　3ぼん　かけ、
したあごも　はずれて　ぐらぐらに　なりました。
マリーは　くるみわりにんぎょうを　うばいかえしました。
「やめて。　にんぎょうが　かわいそう！」

そのよる、　マリーは　ひとりで　いまに　のこり、
くるみわりにんぎょうの　てあてを　しました。
「だいじょうぶよ。　すぐに　よくなるわ」
そう　いって、　とだなに　おいてある　にんぎょうの
ベッドに　くるみわりにんぎょうを　ねかせました。
と、　そのとき、
ゴーン、　ゴーン、　ゴーン。
とけいが　よなかの　12じを　しらせました。

チュウチュウと　いう　なきごえとともに、
あちこちから　ねずみが　へやに　はしりでてきました。
せんとうの　ねずみは　あたまが　7つあり、
それぞれに　おうかんを　かぶっています。
マリーは　おどろいて　うしろに　よろけました。
その　ひょうしに、　とだなの　ガラスを
ひじで　わってしまったのです。
「いたいっ」
マリーは　ひじを　おさえて　しゃがみこみました。
すると、　とだなから　こえが　しました。
「ぶきを　とれ。　せんとう　かいしだ！」

とびだしたのは　くるみわりにんぎょうです。
ほかの　にんぎょうたちも　こえを　あげ、
とだなから　とびだしました。
にんぎょうたちは　ねずみたちを
どんどん　おいつめていきました。
くるみわりにんぎょうは、　7つの　あたまを　もつ
ねずみの　おうさまと　たたかいました。
しかし、　ねずみの　おうさまは　つよく、　7つの　くちで
くるみわりにんぎょうに　おそいかかりました。
「やめて！」
とっさに　マリーは　スリッパを
ねずみの　おうさまに　なげつけました。

おうさまは　ばったり　たおれ、７つの　おうかんを
のこして、　ほかの　ねずみたちとともに　きえました。
マリーは　くるみわりにんぎょうに　かけよりました。
「くるみわりにんぎょうさん、　しっかりして。
　あなたが　いなくなるなんて、　いやよ。　どんなに
　ぶかっこうでも、　わたしは　あなたが　だいすきなの」
そのとたん、　くるみわりにんぎょうの　すがたが　きえました。

つぎの　しゅんかん、　マリーの　まえに
うつくしい　おとこのこが　あらわれました。
「ありがとう、　マリー。　きみが　みにくい　ぼくでも
　すきだと　いってくれた　おかげで、
　ねずみに　かけられていた　まほうが　とけたんだ」
マリーは　びっくりして　ことばが　でません。
おとこのこは　マリーに
7つの　きんの　ゆびわを　さしだしました。
それは　ねずみの　おうさまが　かぶっていた
おうかんでした。
「まほうを　といてくれた　おれいに
　うけとってくれるかい？」

ゆびわを　うけとった　マリーは、

まばゆい　ひかりに　つつまれました。

いつのまにか、きらきら　かがやく　のはらに　たっています。

「ここは　どこ？」

マリーが　きくと、おとこのこは　こたえました。

「おもちゃの　くにの、こおりざとうの　のはらさ。

　ぼくは　おもちゃの　くにの　おうじなんだ」

ふたりは　アーモンドや　チョコレートがけの

もんを　くぐり、レモネードや　ミルクティーの

ふんすいの　あいだを　ぬけて　ケーキや　ドロップで

できた　きゅうでんに　はいりました。

むかえに　でてきたのは、　きかざった　にんぎょうたちです。
「おうじさま。　ごぶじだったんですね」
おうじさまは　マリーを　しょうかいしました。
「ぼくの　いのちの　おんじんだ」
にんぎょうたちは　くちぐちに　おれいを　いいました。
「ありがとうございます」
マリーは　ケーキや　こんぺいとうで　もてなされ、
おうじさまと　おどりました。
しかし、　たのしいときは　ながく　つづきませんでした。
しだいに　きりが　たちこめてきて、
なにも　みえなくなってしまったのです。

めを　さましたとき、
マリーは　じぶんの　へやの　ベッドに　いました。
「ぜんぶ　ゆめだったの？」
でも、　てには　きんの　ゆびわが　あります。
「ゆびわが　あるんだもの。　ゆめじゃないわ」
そこへ、　おかあさんが　はいってきました。
「はやく、　きがえなさい。　おきゃくさまが　いらしてますよ」

いまへ　いった　マリーは「あっ」と、　こえを　あげました。
おうじさまに　そっくりの　おとこのこが　いたからです。
おとうさんが　おとこのこを　しょうかいしました。
「わたしの　ともだちの　しんせきの　こだよ」
おとこのこは　マリーに　にっこり　ほほえみました。
そして、　こそっと　いいました。
「にんげんに　もどれたのは　きみの　おかげだ。
　これからは　ぼくが　きみを　まもるよ」

あしながおじさん

世界の名作（アメリカ）／ジーン・ウェブスター

げんきで　だいたんな　ジュディは、
くうそうするのが　だいすきな　おんなのこ。
17さいに　なるまで　おやが　いない　こどものための
こじいんで　くらしていました。
こじいんの　やくいんたちが　ようすを　みに　きた　ひ。
ジュディは、さいごに　かえる　やくいんさんの
うしろすがたを　みかけました。
くるまの　ヘッドライトに　てらされた　かげが、
ひょろりと　ながく　のびています。
「アシナガクモみたい。　かげって、　おもしろいわ」

いんちょうが　ジュディに　いいました。

「いま、　おかえりになられた　やくいんさんが、

　あなたの　さくぶんが　たいへん　おもしろいので、

　だいがくへ　すすませてあげたいと、

　おっしゃったんですよ」

「わたしを　だいがくへ？」

「ええ。　あなたが　さっかに　なれるようにって。

　がっこうせいかつの　ことを、

　てがみに　かいて　おくるのが　やくそくです。

　ただ、　あの　かたは　なまえを　しられたくないそうでね。

　てがみは　あの　かたの　ひしょに　あてて

　だすようにって　おっしゃっていましたよ」

ジュディは　うれしくて、　むねが　いっぱいに　なりました。

ジュディは　だいがくの　りょうに　はいり、
おなじ　としごろの　おんなのこと
ともだちに　なりました。
ともだちと　かいものに　いくのは、
ジュディにとって　はじめての　ことです。

べんきょうも　おもしろく、
むちゅうに　なって　とりくみました。
ジュディは　こんな　すばらしい　せいかつを　くれた
やくいんさんに、　まいにちのように　こころを　こめて
てがみを　かきました。

こころやさしい　やくいんさま

わたしは　ながいあいだ　ひとりでしたが、
てがみを　だす　あいてが　いるなんて、
かぞくが　できたような　きもちです。
あなたの　ことは　なにも　しりませんが、
うしろすがたが　のっぽだったので、
これからは　あしながおじさんって　よぶことに　します。
わたしの　ことは、ジュディって　よんでください。

いつまでも　あなたの　ジュディ

ともだちと　いろいろな　はなしを　していること。
まいばん、　たくさんの　ほんを　よんでいること。
テストで　わるい　せいせきを　とったこと。
その　つぎの　テストで
ゆうしゅうな　せいせきを　とったこと。
ジュディは　さまざまな　できごとを、
おもしろい　ひょうげんで　てがみに　かきました。
あしながおじさんからの　へんじは　ありません。
でも、　ジュディが　びょうきだと　かけば、
おみまいの　バラの　はなが　とどいたり、
クリスマスプレゼントを　おくってくれたり、
いつも　ジュディの　ことを　きに　かけてくれている
ようすが　つたわってきました。

あるひ、　ジュディは　はじめて　おとこのひとと
さんぽをし、　おしゃべりし、　おちゃを　しました。
あいては、　ともだちの　しんせきの　おじさん。
といっても、　わかくて、　かんじの　いい　ひとです。
ジュディは　その　ひとを、　したしみを　こめて
こどもの　ころの　あだな
「ジャーヴィーぼっちゃま」と　よび、
いっしょに　おしばいを　みたり、　のうじょうで　あそんだり、
てがみを　やりとりしたりして、　したしくなっていきました。
ジャーヴィーぼっちゃまと　いると、　ジュディは　たのしく、
いつも　のびのびとしていられました。

やがて、　ジュディは　だいがくを　そつぎょうし、
しょうせつかとしても　スタートを　きりました。
ジャーヴィーぼっちゃまとは　けんかを　することも
ありましたが、　なんでも　そうだんしていました。
しかし、　じゅうだいな　もんだいが　おきたのです。

あしながおじさん

わたしは　ジャーヴィーぼっちゃまに
あいたくて　なりません。
なのに、　かれとの　けっこんを　ことわったんです。
りっぱな　いえがらの　かれと、　わたしとでは、
つりあわないでしょう。
こじいんで　そだったことも　いえませんでした。
わたしは　どうしたら、　いいのでしょう。

あしながおじさんから　はじめて　へんじが　とどきました。
じぶんの　やしきに　くるようにと。

ところが、　やしきで　まっていたのは、
ジャーヴィーぼっちゃまでした。
（なぜ、　かれが　ここに？）
びっくりして　こえも　でない　ジュディに、
ジャーヴィーぼっちゃまが　ほほえみかけました。
「ジュディ。　ぼくが　あしながおじさんだって、
　きづかなかったの？」

ジュディは　いえに　かえってから、
あしながおじさんに
はじめての　ラブレターを　かきました。

あなたと　ほんとうの　かぞくに　なるなんて、
しんじられないぐらい　しあわせです。
これからは　ずっと　いっしょ。
わたしは、たとえ　いちびょうだって
あなたを　かなしませたりしません。

いつまでも　いつまでも　あなたの　ジュディ

かえるひめ

ロシアの昔話

あるひ、　おうさまが　3にんの　おうじに　いいました。
「おまえたちは　そろそろ　よめを　もらう　としごろだ。
　それぞれ　やを　はなち、　やが　おちたところに　いる
　むすめと　けっこんするが　よい」
さっそく、　おうじたちは　やを　はなちました。
いちばんめの　おうじの　やは、
きぞくの　やしきに　おちました。
にばんめの　おうじの　やは、
しょうにんの　いえに　おちました。

すえの　イワンの　やは、

ぬまの　かえるの　そばに　おちました。

がっかりする　イワンに、　かえるが　いいました。

「わたしと　けっこんしてください。

　かならず　やくに　たちます」

イワンは　かえるを　しんじることに　しました。

つぎの　ひ、　おうさまは　3にんの　おうじに　いいました。

「あすまでに、　おまえたちの　つまに

　じゅうたんを　おらせるのだ」

ふたりの　にいさんの　つまは　いそいで
めしつかいを　あつめ、じゅうたんを　おりだしました。
イワンは　こまりました。
　（かえるに　じゅうたんは　おれないだろう）
ところが、かえるは　にっこり　ほほえみました。
「だいじょうぶです。あなたは　やすんでください」
よくあさ、うえの　ふたりの　おうじが　もってきた
じゅうたんは　ごわごわして、
すこしも　きれいに　みえませんでした。
イワンが　もってきた　じゅうたんは　すべすべです。
そのうえ、はなや　とりの　もようで
いろどられていました。
おうさまは　まんぞくげに　うなずきました。
「これは　すばらしい。イワンの　つまは　たいしたものだ」

おうさまは　また　3にんの　おうじに　いいました。
「あすの　パーティーに　おまえたちの　つまを
　つれてきなさい。　おまえたちの　つまが
　どれだけ　うまく　おどれるか　みたいのだ」
イワンは　こまりました。
「かえるを　パーティーに　つれていったら、
　さわぎに　なるだろう」
ところが、　かえるは　にっこり　ほほえみました。
「あなたは　ひとりで　いってください。
　わたしは　あとから　いきます」
つぎの　ひ、
イワンは　ひとりで　パーティーに　いきました。
うつくしく　きかざった　つまを　つれた　にいさんたちは、
イワンを　ばかにしました。
「どうして　よめさんを　つれてこなかったんだい？
　ゲコゲコ　なく　すがたを　みたかったのに」

そのとき、　りっぱな　ばしゃが　げんかんに　つき、

なかから　うつくしい　むすめが　あらわれました。

むすめは　イワンに　いいました。

「おまたせしました。　あなたの　つまの　ワシリーサです」

（まさか、　これが　かえるの　ほんとうの　すがたなのか？）

イワンが　ドキドキしながら　てを　さしだすと、

ワシリーサは　にっこり　ほほえみ、

イワンの　てを　とりました。

おんがくが　ながれだし、　ふたりは　おどりました。

ワシリーサが　まわるたび、

あたりに　はなが　さいていきます。

ひとびとは　ワシリーサを　うっとりと　みつめ、

おうさまは　まんぞくげに　うなずきました。

「なんと　すばらしい。　イワンの　つまは　たいしたものだ」

パーティーが　おわりに　ちかづいたころ、
イワンは　いそいで　いえに　かえりました。
（かのじょが　かえるに　もどらないように　したい）
そして、　かえるの　かわを　みつけると、
だんろで　もやしてしまいました。
あとから　かえってきた　ワシリーサは　なげきました。
「どうして　かえるの　かわを　もやしてしまったの？
　あと　みっかで、　まほうつかいに　かけられた　のろいが
　とけて、　ずっと　あなたの　つまで　いられたのに。
　こう　なっては、　わたしは　まほうつかいの　もとへ
　かえらなければ　なりません」
そう　いうと、　ワシリーサは　はくちょうに　なって、
まどから　とんでいってしまいました。

イワンは　ワシリーサを　さがす　たびに　でました。
いくつもの　くにを　めぐり、
ワシリーサの　ゆくえを　たずねました。
ある　まちで、まほうつかいの　おばあさんに　あいました。
「うつくしい　ワシリーサは
　わるい　まほうつかいに　ねたまれて、
　３ねんかん　かえるで　いる　のろいを　かけられたのさ。
　のろいを　とくには、まほうつかいを　ころすしかない」
「どうすれば、いいんですか？」
「まほうつかいの　いのちは、いっぽんの　はりに　ある。
　その　はりは　カモの　たまごの　なかに　かくされている。
　その　カモは　はこの　なかに　いる。
　その　はこまで、まほうの　いとだまに　あんないさせよう」
そう　いって、おばあさんは　あかい　いとだまを
ころがしました。

イワンは　いとだまの　あとを　おっていきました。
いとだまは　たかい　やまを　こえ、
くらい　もりに　はいりました。
とつぜん　くまが　あらわれ、
イワンは　ゆみやを　かまえました。
すると、　くまが　いいました。
「ころさないでおくれ。
　そしたら、　いつか　やくに　たつでしょう」
イワンは　ゆみやを　おろして　さきに　すすみました。

やがて　ぬまが　みえたので、

ガンを　たべようと　ゆみやを　かまえました。

すると、　ガンが　いいました。

「ころさないでおくれ。

　そしたら、　いつか　やくに　たつでしょう」

イワンは　ゆみやを　おろして、　さきに　すすみました。

うみべを　とおりかかると、　カマスが　うかんでいました。

イワンが　つかまえようと　すると、　カマスが　いいました。

「ころさないでおくれ。

　そしたら、　いつか　やくに　たつでしょう」

イワンは　つかまえるのを　やめて、　さきに　すすみました。

ようやく　いとだまが　とまったのは
カシの　きの　まえでした。
きの　てっぺんに　はこが　のっています。
「あの　はこだな。　でも、　どうやったら　とれるだろう」
イワンが　こまっていると、　たすけた　くまが　はしってきて、
ドッシーン！と、　きに　たいあたり。
はこは　じめんに　おちて、　バラバラに　こわれました。
すると、　なかから　カモが　とびたち、
あっというまに　そらたかく　まいあがってしまいました。
「あんなに　たかくては　やが　とどかない」
イワンが　あたまを　かかえていると、
たすけた　ガンが　とんできて、
カモの　あたまを　つつきました。
すると、　ポンッ！
カモが　たまごを　うみおとしました。

ところが、たまごは うみに おちて、ブクブクブク……。
「どこへ いったんだろう」
イワンが とほうにくれていると、ピチャン!
たすけた カマスが たまごを くわえて
かおを だしました。
イワンは きしに かけより、たまごを うけとりました。
「みんな、ありがとう」
イワンは くま、ガン、カマスに おれいを いい、
たまごを わって、なかから はりを とりだしました。
ビシッ。
はりを おると、「ぐわああ〜」と、
うめく こえが しました。
わるい まほうつかいが しんで はいに なったのです。

ちかくの　やしきから、　とらわれていた　ワシリーサが
でてきました。
のろいの　とけた　すがたは、
まえにも　まして　うつくしく　ひかり　かがやいています。
ワシリーサは　イワンに　かけよりました。
「ありがとうございます。
　あなたが　わたしを　のろいから　すくってくださったのね」
イワンは　ワシリーサの　てを　とりました。
「ずっと　きみを　さがしていた」
それから　ふたりは　くにに　かえり、
いつまでも　なかむつまじく　くらしました。

うりこひめ

日本の昔話

むかし、 こどもの　いない
おじいさんと　おばあさんが　いました。
おばあさんが　かわへ　せんたくに　いくと、
ちゃぷん　とぷん
と、　うりが　ながれてきました。
「おいしそうだこと。　おじいさんと　たべようかの」
おばあさんは　うりを　うちへ　もちかえりました。

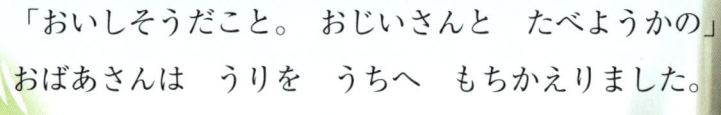

おばあさんが　うりを　わろうとしたところ、

ぱっかん！　ほぎゃあ、　ほぎゃあ。

うりが　ひとりでに　われ、
なかから　あかちゃんが　でてきました。
ふたりは　おおよろこび。
あかちゃんを　うりこひめと　よび、　だいじに　そだてました。

うりこひめは　うつくしい　むすめに　なり、
まいにち、　はたを　おって　うたいました。

　とったん　からり　きい　からり
　うりから　うまれた　うりこひめ
　やまの　カラスと　なかよくなった
　とったん　からり　きい　からり

きれいな　うたごえは　やまを　こえ、　のを　わたり、
とのさまの　みみに　はいりました。
「この　こえの　むすめを　よめに　むかえたい」

よめいりの　ひ、　おじいさんと　おばあさんは
したくのために　まちへ　でかけました。
「うりこひめや、　しらない　ひとが　きても
　とを　あけては　いけないよ」
ふたりの　いいつけに　うりこひめは　うなずきました。
「けっして　あけません」
しばらくして、　そとから　こえが　しました。
「うりこひめ　あそぼう」
「るすばんしているから　あけられない」
「ほんの　すこしで　いいから、　あけとくれ」
うりこひめが　ほんの　すこし　あけた　すきまに、
ガッと　ごつごつした　ゆびが　かかりました。

ミシミシギギー。

とを　こじあけたのは、　ごつごつした　かおの　あまのじゃく。
「あまい　かきを　たべたいか？」
「いいえ、　かきは　いらないわ」
「そうか、　かきを　たべたいのか」
あまのじゃくは　うりこひめの　こたえと　はんたいの
ことを　いって　うりこひめを　ひょーいと　かつぎ、
やまの　うえの　かきの　きに　しばりつけました。
「すきなだけ　たべれば　いい」
そう　いうと、　あまのじゃくは　いえに　もどり、
うりこひめに　ばけて、　はたを　おりました。

どっだん　がだり　ぎい　ばたり
やまの　カラスは　だいきらい
とおくへ　とんで　いっちまえ

そこへ、　おじいさんと　おばあさんが　かえってきました。
「うりこひめや、　またせたね」
「いいえ、　まってないわ」
はっきりした　へんじに、　おじいさんと　おばあさんは
たのもしさを　かんじました。

あまのじゃくは　よめいりの　いしょうを　きせてもらい、
かごに　のりました。
かごの　あとに　おじいさんと　おばあさんも　ついて
おしろへ　すすんでいきました。
すると、　カラスが　なきました。

　うそつき　あまのじゃく　よめへ　いく
　うりこひめの　かわりに　よめへ　いく

おじいさんと　おばあさんは　ぎょっとしました。
「あまのじゃくだって？」

かごを　のぞくと、　ばけの　かわの　はがれた
あまのじゃくが　ぐうぐう　ねています。
「こらあ、　うりこひめを　どこへ　やった！」
かごから　ひきずりだされた　あまのじゃくは、
ひめいを　あげて　どこかへ　にげていきました。
うりこひめは　すぐに　たすけられ、
とのさまの　もとに　よめいりしました。

アイリーの かけぶとん

フィンランドの昔話

フィンランドは　ふゆの　あいだ、
つめたい　ゆきに　おおわれます。
さむい　ふゆに　そなえて、　アイリーは　おっとの
カールのために、　かけぶとんを　つくることに　しました。
けっこんしたばかりの　アイリーと　カールは、
なにを　しても　しあわせです。
アイリーは　はずむ　きもちで、　ぬのを　えらび、
ふわふわの　わたげを　いれて、
ちくちく　ていねいに　ぬっていきました。

カールが　しごとから　かえってくると、
アイリーは　かけぶとんを　わたしました。
「わたしからの　プレゼントよ」
カールは　かけぶとんを　だきしめ、
かおを　くしゃくしゃにして　よろこびました。
「わあ、　ふかふかだ。　アイリー、　ありがとう。
　きみのような　やさしい　おくさんと　けっこんできて、
　ぼくは　フィンランドで　いちばんの　しあわせものだよ」
カールは　さっそく　かけぶとんを　かけて
ねることに　しました。

そのばんは　とても　ひえました。
「この　ふとんの　おかげで　あたたかく　ねむれそうだ」
カールは　かけぶとんを　かおの　あたりまで
ひっぱりあげました。
すると、　かけぶとんから　あしが　はみだしてしまいました。
「う〜、　さむい。　あしが　ひえる」
しかたなく、　カールは　あしを　ちぢめて
ねることに　しました。
しかし、　ねがえりを　うつたびに　ふとんから
あしが　でてしまい、　ぐっすり　ねむれませんでした。

よくあさ、　カールは　アイリーに　いいました。
「あの　かけぶとん、　とても　あたたかいんだけど、
　あしが　でてしまうんだ」
アイリーは　あかるく　こたえました。
「わかったわ。　したの　ほうが　たりないのね。
　なおしておくわ」
カールが　しごとに　でかけたあと、
アイリーは　かけぶとんの　うえの　ほうを　ジョキジョキと
はさみで　きり、　したに　つぎたして　ぬいました。
「さあ、　これで　したの　ほうも　じゅうぶんね」
しごとから　かえってきた　カールは　よろこびました。
「ありがとう、　アイリー。
　ぼくは　ほんとうに　しあわせものだ」

よくあさ、　カールは　すまなさそうに
アイリーに　いいました。
「どうしてかな。　やっぱり、　あしが　でてしまうんだよ」
「あら、　まだ　たりないの？」
カールが　でかけたあと、
アイリーは　また　うえの　ほうを　きって、
したに　つぎたしました。
しかし、　そのばんも　やはり　カールの　あしは
ふとんから　はみだしました。
アイリーは　くびを　かしげました。
「ふしぎね。
　　たしているのに、　どうして　たりないのかしら？」

アイリーは　すこし　かんがえて　てを　たたきました。
「そうよ。　もっと　たくさん　きって、
　ぬいたせば　いいんだわ！」
それから、　カールは　まいばん　ちぢこまって　ねむり、
アイリーは　まいあさ　かけぶとんを　ぬいなおしました。
なんど　やっても　じゅうぶんな　ながさに　なりません。
この　くりかえしに　つかれた　アイリーは　いいました。
「カール、　かけぶとんを　あたらしく　つくることに　するわ」
さて、　つぎの　かけぶとんは　ちょうど　いい　ながさに
なるでしょうか。

かしこい おきさき

グリム童話

むかし、　まずしい　のうかに
かしこい　むすめが　おりました。
あるひ、　おとうさんが　はたけを　たがやしていると、
きんの　うすが　でてきました。
おとうさんは　むすめに　いいました。
「おうさまに　かりた　はたけに　あったのだから、
　これは　おうさまの　ものだ。　おかえししよう」
むすめは　くびを　ふりました。
「おうさまは　うすが　あるなら、
　きねも　あるはずだと　いうでしょう。
　きねを　みつけてから、　おかえししたほうが　いいわ」

しかし、 おとうさんは むすめの いうことを きかず、
おしろへ いきました。
きんの うすを みた おうさまは いいました。
「きんの きねも あっただろう。
　さては じぶんの ものに する きだな」
おとうさんは なげきました。
「ああ、 むすめの いったとおりだ」
「どういうことだ?」
おとうさんの はなしを きいて、
おうさまは かんしんしました。
「そんな かしこい むすめなら ぜひ よめに もらいたい。
　むすめが ふくを きず、 はだかで なく、
　うまに のらず、 くるまに のらず、みちに しるしを
　つけて しろへ くることが できたら、 けっこんしよう」

おとうさんは　いえに　かえり、
おうさまが　いったことを　はなしました。
むすめは　いいました。
「かんたんな　ことだわ」
むすめは　ふくを　ぬいで　はだかに　なり、
おおきな　さかなとりの　あみを　からだに　まきつけました。
その　あみを　ろばに　ひっぱらせたので、
じめんに　ひきずられた　あとが　つきました。
こうして、　むすめは　ふくを　きず、　はだかでなく、
うまに　のらず、　くるまに　のらず、　みちに　しるしを
つけて　おしろへ　いくことが　できました。

おうさまは　おどろきました。
「むずかしい　もんだいを　やってのけるとは、　みごとだ」
むすめは　おうさまと　けっこんして、
おきさきに　なりました。
そうして　いっしょに　くらすうち、　おうさまは
かしこい　おきさきを　ますます　すきに　なっていきました。

あるひ、　おしろの　まえで、　うまの　しゅじんと
うしの　しゅじんが　けんかを　はじめました。
おかあさんうまが　こうまを　うんだのですが、
こうまは　おかあさんうまでなく、　うしの　そばに
いってしまったため、「この　うまは　うちの　うまだ」と、
うしの　しゅじんが　いいはったのです。
おうさまは　いいました。
「うしの　そばに　いたなら、
　その　こうまは　うしの　ものだ」
こうまを　とられた　うまの　しゅじんは　なげきました。
「うしから　こうまは　うまれないのに……」

おきさきは　うまの　しゅじんを　きのどくに　おもい、
いい　ほうほうを　こっそり　おしえました。
よくじつ、　うまの　しゅじんは、
おきさきに　おしえてもらったとおり、　おうさまが　とおる
みちで　さかなとりの　あみを　ひろげました。
「こんな　ところで　なにを　している？」
おうさまに　たずねられ、　うまの　しゅじんは　いいました。
「さかなを　とっています」
おうさまは　わらいました。
「みずが　ないのに、　さかなが　とれるわけ　ないだろう」
「うしが　うまを　うめるなら、
　みちで　さかなが　とれるはずです」
おうさまは　まゆを　ひそめて　うーむと　つぶやき、
こうまを　うまの　しゅじんに　かえすよう
めいれいしました。

おうさまは　いらだち、
「わたしが　まちがっていたと　わからせる
　ちえを　さずけたのは　だれだ？」
と、　うまの　しゅじんを　といつめました。
ちえを　あたえたのが　おきさきだと　わかると、
おうさまは　まっかに　なって　おこりました。
「もう　おまえとは　おしまいだ」
おうさまは　おきさきに、　いちばん　あいする
だいじな　ものを　ひとつだけ　もって、
うまれた　いえへ　かえるよう　めいれいしました。

よくあさ、　おうさまは　めを　さまして　びっくりしました。
「ここは　どこだ？」
おきさきが　こたえました。
「ここは　わたしの　うちです。
　あなたは　いちばん　あいする　だいじな　ものを
　ひとつだけ　もってきて　いいと　おっしゃいました。
　わたしが　いちばん　あいする　だいじな　ものは、
　あなたです。　ですから、　ねている　あなたを
　つれてまいりました」
おうさまの　めに　なみだが　あふれました。
「ああ、　わたしが　いちばん　あいする
　だいじな　ものは　おまえだ」
ふたりは　おしろに　かえり、
いつまでも　なかよく　くらしました。

151

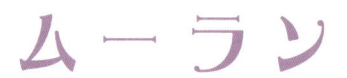

ムーラン

中国の物語

ムーランは　まちで　いちばんの　おてんばむすめ。
とんで　はしって　きに　のぼってと、
なんでも　かるがる　こなします。
いじめっこと　カンフーしょうぶを　して
かったことも　ありました。
そんな　ムーランを　おかあさんは　いつも　しかりました。
「おんなのこなのだから、　もっと　おしとやかに　しなさい！」
まちの　ひとたちも　いいました。
「まったく　こまった　むすめだ」

あるひ、　まちかどに　こくおうの　おふれが　だされました。
となりの　くにと　いくさが　はじまったので、　どの　いえも
おとこを　へいたいとして　だすようにとの　めいれいです。
しかし、　ムーランの　おとうさんは　びょうきがちでした。
おとうさんの　かわりに　たたかいへ　いく
むすこは　いません。
ひとりむすめの　ムーランは　いいました。
「おとうさん、　わたしが　かわりに　いくさへ　いきます」
おとうさんは　おこって　いいました。
「だいじな　むすめを　たたかいに　だせるか！」
ムーランは　おとうさんの　きもちを
うれしく　おもいました。
そして、　ぜったいに　おとうさんを　まもろうと　きめました。

そのよる、　ムーランは　かみを　きつく　ゆわえました。
よろいを　つければ、　わかい　おとこに　みえます。
すっかり　したくを　ととのえると、　ムーランは
うまの　たずなを　ひいて　いえの　もんを　でました。
せんじょうでは　きびしい　たたかいに　なるでしょう。
にどと　いえに　もどれないかも　しれません。
ムーランは　ふりかえって　いえを　みました。
「おとうさん、　おかあさん、　いってきます」
そう　つぶやき、　うまに　のって　まちを　でていきました。

つぎの　ひ、　ムーランは　へいしの　あつまる
かわの　ほとりに　つきました。
さいしょに　おこなわれたのは、　へいしの　しけんです。
あつまっているのは　ちからじまんの　おとこたち。
おてんばの　ムーランでも　ちからくらべでは　かないません。
おもい　いしを　もちあげられず、
おとこたちに　わらわれました。
「こんな　よわい　やつは
　たたかいで　じゃまに　なるだけだ」
ところが、　ゆみやの　しょうぶでは
まとの　どまんなかに　あてて、
いちばんに　なりました。
ムーランは　たたかいで　せんとうを　いく
いちばんたいに　はいりました。

せんじょうへ　いくまでの　みちのりは　ながく
きびしいものでした。
けわしい　がけの　さかを　のぼり、
ふかい　ゆきの　なかを　すすみます。
ムーランは　おんなだと　きづかれないよう、
ほかの　へいしの　あるきかたを　まねして　いくので
なおさら　たいへんです。
へとへとに　なりながらも、
ひっしで　うまを　ひいて　ついていきました。
やまを　こえると、ぶたいは　ふたてに　わかれました。
ムーランたちの　いちばんたいは
みずうみの　そばで　やすむことに　なりました。

よる、　みんなが　ねしずまると、　ムーランは
こっそり　みずうみへ　むかいました。
からだを　あらおうと　おもったのです。
ところが、　はやしの　なかに
ちらちらと　あかりが　みえました。
こそこそ　はなす　こえも　きこえます。
「よし、　ひを　けせ。
　　よういが　できたら、　しゅうげきする」
ムーランは　はっと　しました。
（てきだ！）
いそいで　ひきかえし、　たいちょうに　ほうこくしました。
たいちょうの　かおが　けわしくなりました。
「てきが　きているとは……。　たちうちできるだろうか」
ムーランは　おちついて　いいました。
「わたしに　かんがえが　あります」

ムーランは　あしの　はやい　ものたちを　5にんほど
つれて、　はやしの　むこうに　まわりこみました。

ドーン！

なかまの　たいほうの　おとを　あいずに
ムーランたちは　いっせいに　やを　はなちました。
はんたいからは　たいちょうたちが　やを　はなちます。
てきは　おおぜいの　へいしに
まわりを　かこまれたと　おもいこんで　あわてました。

てきの　たいれつが　ばらばらに　くずれたのを　みて、
ムーランは　かくれていた　きの　あいだから
バッと　とびだしました。
てきの　やを　よけながら、すばやく　ゆみを　ひきます。
はなった　やは　てきの　たいしょうの　ふくを　つらぬき、
たいしょうを　ちかくの　きに　うちつけました。
「やった！」
なかまが　どっと　とびだし、
いっきに　てきの　たいしょうを　とりおさえました。

たたかいを　おえた　ムーランたちは、　しろへ　いきました。
ひとびとが　はくしゅと　かんせいで
ムーランたちを　むかえます。
こくおうは　ムーランを　ほめたたえて　いいました。
「おまえの　かつやくで　この　くにを　まもることが　できた。
　ほうびを　さずけたいが、　ほしいものは　あるか？」
ムーランは　あたまを　さげて　こたえました。
「ほしいものは　ありません。　のぞみは　かぞくの　まつ
　こきょうへ　かえることだけです」
それでも、　こくおうは　ムーランに
たくさんの　ほうびを　もたせました。

ムーランが ほうびの かぶとを つけて まちに かえると、
「えいゆうが やってきた」
と、 まちじゅうが おおさわぎに なりました。
いえでは おとうさんと おかあさんが
ないて よろこびました。
「ぶじで よかった」
「こんな すばらしい むすめは ほかに いないよ」
ムーランが きがえて そとに でると、
まちの ひとびとは めを まるくしました。
さっきまでの りんと した すがたと ちがい、
うつくしい むすめに かわっていたのですから。
「くにを すくった えいゆうは ムーランだったのか」
おてんばむすめだった ムーランは まちだけでなく、
くにじゅうの ひとびとの あこがれと なったのでした。

アンの あいじょう

世界の名作（カナダ）／ルーシー・モード・モンゴメリ

あかちゃんの　ときに　りょうしんが　なくなってから
アンには　ながいこと　あたたかな　かぞくも、
きもちを　うちあけられる　ともだちも　いませんでした。
でも、　マシューと　マリラに　ひきとられてから、
アンは　ふたりの　あいじょうに　つつまれ、
おおくの　ともだちを　つくることが　できました。
おっちょこちょいだけど　まっすぐな　アンと　はなすと、
だれしも　アンを　すきに　なってしまうのです。
アンは　つらいことが　あっても、　その　さきには
かならず　いいことが　あると　しんじました。

しかし、　きぼうに　みちた　ひびは　つづきませんでした。
マシューが　なくなってしまったのです。
アンは　げんきを　なくした　マリラの　そばに　いるため、
だいがくに　すすむのを　やめて、
むらの　がっこうの　せんせいに　なりました。
がっこうでは　おもうように　いかないことも　ありましたが、
アンは　せいと　みんなを　あいしました。
そうして　2ねんが　たち、
マリラは　すっかり　げんきに　なりました。
「もう、　わたしの　しんぱいは　いらないよ」
マリラの　すすめで、　アンは　うちを　でて
だいがくへ　いくことを　けっしんしました。
　（また、　みちの　まがりかどに　きたんだわ。　かどを
　　まがれば、　きっと　かがやく　みらいが　あるはずよ）

しょうがっこうの　ときから　よき　ライバルだった
ギルバートも、　アンと　おなじ　だいがくに　すすみました。
だれとでも　きさくに　はなす　アンは
だいがくでも　たちまち　にんきものに　なりました。
アンと　はなしたがる　せいねんも　おおぜい　いましたが、
アンの　そばには　いつも　ギルバートが　いました。
ギルバートは　ずっと　まえから　アンが　すきだったのです。
アンが　おちこんだときは　はげまし、
うれしいことが　あれば　いっしょに　よろこんできました。
でも、　ふたりが　こいびとどうしだと　うわさされると、
アンは　こまりました。
　（ギルバートは　だいじな　ともだちだけど、
　　わたしの　おもう　おうじさまとは　ちがうわ）

しばらくして、 アンは なかよしの ともだち 4にんと
いえを かりて くらすことに しました。
なかでも びじんで ゆかいで かっぱつな フィルは、
アンが はじめて あう タイプの ともだちでした。
おもったことを ずけずけ いうのに、
ちっとも いやみが なくて、 かわいらしいのです。
アンと フィルは こいや べんきょうに ついて、
よく はなしました。
くらしはじめて すぐ、 のらねこの ラスティも
4にんの なかまに くわわりました。
ラスティが アンに すっかり なついてしまったため、
かうことに したのです。

あるひ、　アンが　ラスティと　いっしょに
さんぽを　していると、　ギルバートが　やってきました。
いつものように　はなしていると、　ギルバートは　とつぜん
おもいつめたように　アンの　てを　にぎりました。
「アン、　ぼくは　きみを　あいしてる。　しょうらい、
　ぼくの　つまに　なると　やくそくしてくれませんか」
アンは　うつむいて　こたえました。
「できないわ。　ともだちとしては　すきだけど、
　あいすることは　できないわ」
ギルバートは　うなだれて、　アンの　てを　はなしました。
「わかったよ。　さようなら、　アン」

へやに　もどると、　アンは　はげしく　なきました。
とても　だいじな　ものを　うしなったように
おもえたからです。
そこへ、　フィルが　はいってきました。
「まさか、　ギルバートの　プロポーズを　ことわったの？」
アンは　かおを　あげました。
「あいしていない　ひとと　けっこんは　できないもの」
「あなたは　そうぞうの　おうじさまに　こいして、
　だいじな　ひとに　きがついていないのよ」
アンは　かおを　そむけました。
「おねがい。　もう　ひとりに　させて」
フィルは　かなしそうな　かおを　して、
へやを　でていきました。

しばらくして、 ギルバートは まえのように
アンに あかるく はなしかけるように なりました。
アンは すこし ほっとしました。
あるひ、 アンが だいがくから かえる とちゅう、
とつぜん あめが ふってきました。
「よかったら、 ぼくの かさに はいりませんか？」
せの たかい、 ハンサムな せいねんが たっています。
まさに アンが おもいえがいていた おうじさまでした。
アンは ドキドキしながら、 せいねんの かさに はいり、
ちかくの テントで あまやどりを して はなしました。
せいねんは ロイと いって、 アンと おなじ だいがくの
がくせいで、 がいこくから もどってきたばかりでした。

そのばん、　アンあてに　バラの　はなたばが　とどきました。
フィルは　はなたばから　おちた　カードを　よんで、
めを　まるくしました。
「まあ、　アン、　ロイと　しりあいなの？
　ロイは　たいへんな　おかねもちで
　りっぱな　いえの　あとつぎなのよ」
それから　ロイは　たびたび
アンに　あいに　やってきました。
れいぎただしくて　やさしい　ロイは、　アンは　もちろん、
ラスティや　フィルたち　ともだちにも　すかれました。
あるひ、　だいがくで　ひらかれた　パーティーに、
アンは　ロイと　いっしょに　でかけました。
むこうで　ギルバートが　ほかの　おんなのこと
たのしそうに　はなしているのが　みえました。
アンは　なぜか　むねが　いたむのを　かんじました。

だいがく　さいごの　しけんが　おわり、
アンは　ぶんがくで　いちばんを　とることが　できました。
ギルバートは　5ねんかん　だれも　とれなかった
すばらしい　しょうを　とりました。
そつぎょうしきの　あさ、
アンの　もとには　ロイから　おくられた　すみれと、
ギルバートから　おくられた　すずらんが　ありました。
アンは　ロイの　すみれを　つけるつもりでいましたが、
でかける　ちょくぜん、
ギルバートの　すずらんを　むねに　つけました。
どうして　そうしたのか、　じぶんでも　わかりません。
　（きっと、　ギルバートと　かたりあった
　　だいがくを　そつぎょうする　ゆめが　かなうせいね）
アンは　そう　かんがえることに　しました。

170

だいがくの　そつぎょうしきが　おわると、　ロイは　アンと
であった　ちいさな　テントで、　プロポーズしました。
「アン、　ぼくは　あなたを　しあわせに　すると
　やくそくします。　どうか　ぼくと　けっこんしてください」
プロポーズの　ばしょも　セリフも、
アンが　ゆめみていたとおりの　ものでした。
もちろん、　アンは　プロポーズを　うけるつもりでいました。
でも、　いざ　こたえようと　したとき、
くちびるが　ふるえました。
「ああ、　ごめんなさい。　あなたとは　けっこんできないわ」
「どうして？」
「あなたを　すきだと　おもっていたんです。
　でも、　ちがうことが　いま、　わかってしまったのです」

アンは　むらに　もどってからも、
しばらく　おちこんでいました。
（わたしは　なんて　じぶんかってなのかしら……）
しかし、　そんな　おちこみなど　ふきとぶほどの
ショックに　おそわれました。
ギルバートが　おもい　びょうきに　かかっていると
きいたのです。
（わたしは　ギルバートなしでは　いきていけない）
そして、　はっきりと　わかりました。
（わたしは　ギルバートを　ずっと　あいしていたんだわ）
でも、　きづくのが　おそすぎました。
ギルバートは　あすにも　しんでしまうかもしれないのです。
アンは　まどべに　ひざまづき、
ひとばんじゅう　いのりつづけました。

よくあさ、 アンの もとに ギルバートが
かいふくに むかったと いう しらせが とどきました。
やがて、 げんきに なった ギルバートが やってきて、
アンを さんぽに さそいました。
ギルバートは アンに ききました。
「2ねんまえと おなじ しつもんを したら、
　きみは ちがう こたえを くれますか?」
アンは よろこびで、 むねが いっぱいに なりました。
「ばかな わたしを
　どうして そんなに あいしてくれるの?」
「ぼくには きみしか いないんだ」
ギルバートは アンを ひきよせて キスしました。
とおまわりを しましたが、 ようやく ふたりは
てを とりあい、 みらいに むかって あるきだしたのです。

ひみつの はなぞの

世界の名作（イギリス）／フランシス・ホジソン・バーネット

メリーは　あまやかされて　そだったため、
いつも　わがままばかり　いっていました。
あるひ　とつぜん、　おとうさんと　おかあさんが
びょうきで　なくなり、　メリーは　おじの
クレーブンさんに　ひきとられることに　なりました。
げんかんに　むかえに　でた　しつじは、
メリーに　いいました。
「だんなさまは　たびから　もどったあと、
　メリーさんと　おあいするそうです」
クレーブンさんは　おくさんを　なくしてから、
ねんじゅう　たびに　でていて、
ほとんど　やしきに　もどってこないと　いうことでした。

よくあさ、　メリーは　おてつだいの　マーサに
めいれいしました。
「はやく　あたしに　ふくを　きせなさいよ！」
ふくを　きるのも　くつを　はくのも
ずっと　おてつだいさんが　してくれたのです。
マーサは　にっこりしました。
「メリーさまが　じぶんで　きられるように　なるまで、
　おてつだいしますね」
メリーは　きがえを　てつだってもらいながら　おもいました。
（ここの　くらしは、　まえとは　ちがうんだわ）

あさごはんの　とき
メリーは　ほとんど　のこしてしまいました。
マーサは　めを　まるくしました。
「もう　いらないんですか。
　そとで　あそべば、　おなかが　へりますよ。
　おじょうさまも　そとで　あそんでいらっしゃい」

マーサの　すすめで、　メリーは　にわを　さんぽしました。
ひろい　にわには　かだんや　ふんすいが　ありました。
くだものばたけの　むこうには、
つたの　からまった　へいが　あります。
へいの　なかの　きに
コマドリが　とまって　さえずっていました。
（どこから　はいるのかしら？）
メリーは　いりぐちを　さがしましたが、
つたのせいで　みつかりませんでした。
やしきに　かえると、　マーサが　おしえてくれました。
「そこは　おくさまが　だいじに　なさっていた
　はなぞのです。　おくさまが　なくなってから、
　だんなさまが　かぎを　かけ、
　だれも　はいれなくしたのです」
メリーは　そこを　ひみつの　はなぞのと
よぶことに　しました。

つぎの　ひ、メリーは　さびた　かぎが
おちているのを　みつけました。
「これは　きっと　ひみつの　はなぞのの　かぎだわ」
つたの　あいだに、ドアの　ハンドルも　みつけました。
メリーは　ドキドキしながら　かぎを　さし、
ドアを　あけました。
なかに　はいると、かれはの　したに
みどりの　めが　みえました。
　（はなぞのは　いきているんだわ）

メリーは　はなを　そだてたいと　おもいました。
でも、メリーが　はなぞのに　はいっていると　しったら、
クレーブンさんは　おこるでしょう。
メリーは　ないしょで
はなぞのの　ていれを　することに　しました。
やしきに　もどると、メリーは　マーサに　いいました。
「わたし、にわの　はじに
　かだんを　つくってみたいんだけど……」
「では、おとうとの　ジッコンに　てつだわせましょう。
　あのこは　どうぶつや　しょくぶつと
　なかよくなるのが　とくいですから」

すうじつご、　メリーが　ひみつの　はなぞのに
むかっていると、　ちかくの　もりから
ふえの　ねが　きこえてきました。
もりへ　いくと、　おとこのこが　ふえを　ふいていました。
まわりで　リスや　うさぎ、　キジが　みみを　すましています。
メリーは　おとこのこを　みつめました。
（もりの　ようせいみたい）
おとこのこは　ゆっくり　たちあがりました。
「メリーさんですね。　ぼく、　ジッコンです」
メリーは　ジッコンを　ひみつの　はなぞのへ
つれていきました。
「わたし、　この　はなぞのを
　いきかえらせたいの」
ジッコンは　うれしそうに　いいました。
「てつだいますよ！」

メリーと　ジッコンは　まいにちのように
ひみつの　はなぞのに　はいり、
かれくさを　ぬいたり、
つちを　たがやしたりしました。
はなぞのに　すこしずつ
みどりが　ふえていくのを　みて、
ふたりは　よろこびました。

はなぞので　はたらくように　なってから、

メリーは　しょくじも　のこさず　たべるように　なりました。

マーサは　かおを　ほころばせました。

「メリーさまが　げんきに　なって、わたしも　うれしいです」

メリーは　きらきらした　えがおを　みせました。

「わたし、ジッコンと　いると、たのしくなるの」

メリーは　ジッコンが　だいすきでした。

それに、しょくぶつを　そだてる　たのしみを　しったのです。

メリーは　わがままを　いっていたころより、

こころの　なかが　あたたかくなったように　おもいました。

そのよる、メリーは　はげしい　あめの　おとに

めを　さましました。

（あめの　おとだけじゃない。なきごえも　きこえるわ）

メリーは　ろうそくを　もって　ろうかに　でました。

なきごえの　するほうへ　いくと、

カーテンに　かくされた　ドアが　ありました。

メリーが　ドアを　あけると、ベッドで　ないていた

おとこのこが　かおを　あげました。

「だれ？　もしかして、ゆうれい？」

メリーは　ベッドに　ちかづきました。

「ゆうれいじゃないわ。あなたこそ　ゆうれいじゃないの？」

「ちがう。ぼくは　コリン・クレーブンだよ」

クレーブンさんの　おくさんは、
コリンを　うんで　なくなりました。
コリンは　あかちゃんの　ときから　からだが
よわかったので、　やしきの　なかで　そだてられました。
あるくことも　できず、
ほとんど　ベッドの　うえで　すごしました。
おとうさんは　でかけてばかりでしたし、
ともだちも　いません。
ぐあいが　わるくなると、　コリンは　おもいました。
（ぼくは　おとなに　なるまえに　しぬんだ）
そして、　ふあんに　なるたび、
おてつだいさんに　やつあたりしました。
そんな　コリンを、　メリーは　わがままだったころの
じぶんに　にていると　おもいました。
「あなたは　そとに　でたほうが　げんきに　なれるわ」
メリーは　コリンに　ひみつの　はなぞのの　ことを
はなしました。
コリンは　めを　かがやかせました。
「ぼくも　おかあさんの　すきだった
　はなぞのに　はいってみたい」

よく　はれた　ひ、　メリーと　ジッコンは
コリンの　くるまいすを　おして、　にわに　でました。
3にんは　だれにも　みられないように、
ひみつの　はなぞのに　はいりました。
はなぞのには　はるが　おとずれていました。
はなが　さきみだれ、　ことりが　さえずっています。
コリンは　ゆめみるように　あたりを　みまわしました。
「ぼく、　じょうぶに　なりたい。
　はじめて　そう　おもったよ」
ジッコンが　うなずきました。
「あるいたり、　じめんを　ほったり
　できるように　なりますよ」

それから、　3にんは　まいにち
ひみつの　はなぞのに　いきました。
コリンは　すこしずつ　あるけるように　なり、　ジッコンに
おそわって　すきで　つちを　ほる　けいこも　はじめました。
あるけることも、　はなぞので　あそんでいることも、
ほかの　ひとには　ひみつです。
しだいに　かおいろが　よくなる　コリンを　みて、
やしきで　はたらく　ひとびとは　くびを　かしげました。
「まえは　ひとに　あうのも、
　そとに　でかけるのも　いやがっていたのに、
　このごろは　なにを　しているんだろう」

あきが　ふかまったころ、　クレーブンさんは　たびさきで
おくさんの　ゆめを　みました。
おくさんが　はなぞので　わらっている　ゆめです。
めが　さめると、　クレーブンさんは
おくさんと　コリンを　おもいました。
あいする　ひとを　うしなう　かなしみを　にどと
あじわいたくなくて、　からだの　よわい　コリンとも
なるべく　あわないように　してきたのです。
　（わたしは　10ねんもの　あいだ、
　　なにを　していたんだろう……）
クレーブンさんは　ためいきを　つきました。
　（やしきに　もどろう。　もどって、　コリンと　はなそう）
クレーブンさんは　やしきに　もどると、　にわに　でました。
コリンは　にわに　いると　きいたからです。

あるいていくと、　だれも　いないはずの　はなぞのから、
わらいごえが　きこえてきました。
ちかづくと、　ドアが　ひらいて、
しょうねんが　とびだしてきました。
「おとうさん、　ぼくです。　コリンです」
クレーブンさんは　めを　まるくしました。
「コリン？」
「そうです。　この　はなぞのと、　メリーと　ジッコンが
　ぼくを　じょうぶに　してくれたんです」

クレーブンさんは　うれしくて
むねが　いっぱいに　なりました。
「コリン、　おとうさんも　はなぞのに　いれておくれ」
コリンと　メリーと　ジッコンは、
クレーブンさんを　はなぞのへ　あんないしました。

ドラキュラ

世界の名作（イギリス）／ブラム・ストーカー

ジョナサンは　ドラキュラはくしゃくに
イギリスの　さびれた　やかたを　うるため、
とおく　はなれた　やまあいの　くにまで　やってきました。
つきあかりで　しろが　つめたく　かがやいて　みえます。
しろの　とびらが　あき、
ドラキュラはくしゃくが　あらわれました。
あおじろい　かおに、
もえるような　あかい　めが　ひかっています。
「ジョナサン・ハーカーさんですね。　おまちしていました」
ドラキュラはくしゃくは　やみに　しずんだ
ろうかを　とおって、ジョナサンを　しろの　おくへと
あんないしました。

しょるいに　サインを　すると、
ドラキュラはくしゃくは　いいました。
「けいやくしょは　ゆうびんで　おくろう。　あなたは
　この　しろで、　しばらく　ゆっくりしていけば　いい」
しんしつに　あんないされた　ジョナサンは、
ベッドに　よこに　なりました。
すると、　へやの　そとから、　ひそひそ　はなす
おんなの　こえが　きこえてきました。
「はやく　あの　おとこの　ちを　いただきたいわ」
ジョナサンは　とびおきました。
（ちを　いただくだって？）
まどの　そとに　しんじられない　ものが　みえました。
ドラキュラはくしゃくが　まどから　とびおり、
おおきな　コウモリと　なって　とんでいったのです。
（ば、　ばけもの……）

ジョナサンは　いそいで　でぐちを　さがしました。
（はやく　にげなくては）
しかし、　どの　ドアも　かぎが　かかっています。
ようやく　みつけた　かいだんを　おりていくと、
ちかしつに　でました。
てんじょうには　コウモリが　ぶらさがり、
ゆかに　かんおけが　ならんでいます。
かんおけの　ふたの　すきまから、
はくしゃくの　かおが　みえました。
めを　みひらいていますが、　ぴくりとも　うごきません。
（しんでいるようだ……）

かんおけには　にふだが　はられていました。

あてさきは　ドラキュラはくしゃくが　かったばかりの

イギリスの　やかたに　なっています。

ジョナサンは　はっとしました。

（イギリスに　いくつもりなのか？　いや、　そうは　させない）

ジョナサンは　そばに　あった　シャベルを　つかみ、

ドラキュラはくしゃくに　うちおろそうとしました。

と、　コウモリが　いっせいに

ジョナサンに　おそいかかりました。

それは　これから　おきる

ぶきみな　できごとの　はじまりでした。

そのころ、　イギリスでは　こいびとの　ミーナが
ジョナサンの　かえりを　まっていました。
ジョナサンからの　てがみが　とどかなくなっていたのです。
　（しごとが　いそがしいのかしら。
　びょうきに　なっていなければ　いいのだけど……）
ミーナが　しんぱいしていると、
ともだちの　ルーシーが　やってきました。
「ねえ、　きいた？
　ゆうべ、　みなとに　ふねが　ついたんだけど、
　だれも　のっていなかったんですって。
　ただ、　つちの　はいった　かんおけが
　いくつも　つんであったらしいわ。　ふしぎね」

そのばん、　ミーナが　めを　さますと、　ルーシーが
ふらふらと　とおりを　あるいていくのが　みえました。
「こんな　よふけに　どこへ　いくのかしら？」
ミーナが　おいかけていくと、　ルーシーは　まちはずれの
さびれた　やかたの　もんを　あけて　はいっていきました。
もんから　なかを　のぞくと、
ルーシーの　うしろに　くろい　マントの　おとこが
おおいかぶさるようにして　たっているのが　みえました。
そのとき　くもが　つきを　かくし、
あたりが　まっくらに　なりました。
ふたたび　つきが　あらわれたときには　おとこは　きえ、
ルーシーだけが　たっていました。
「ルーシー！」
「ああ、　ミーナ、　わたし、　ゆめを　みていたみたい」

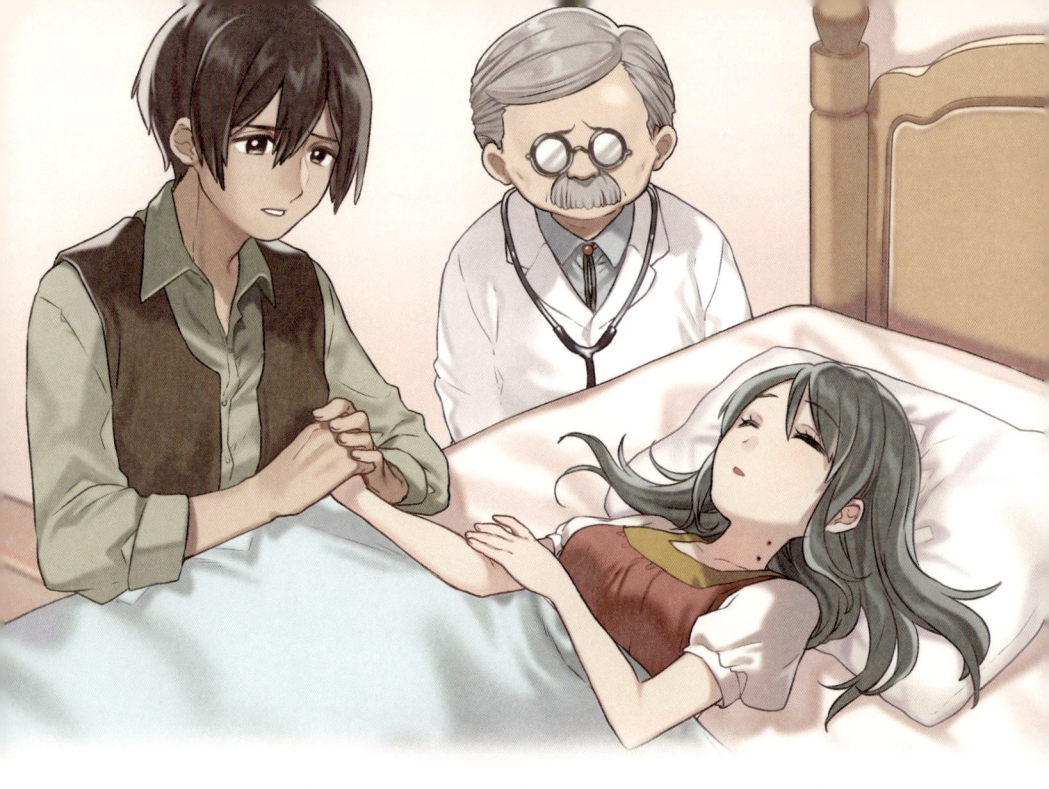

そのひから、　ルーシーは　どんどん　げんきを　なくしていき、
みっかごには　ベッドから　おきあがれなくなりました。
ルーシーの　こんやくしゃの　アーサーは
いしゃを　よびました。
いしゃは　ルーシーの　くびに、　とがったもので
ついたような　ふたつの　きずあとを　みつけました。
「これは　きゅうけつきに　ちを　すわれた　あとのようだ」
アーサーは　ふあんに　なりました。
「まさか。　きゅうけつきなんて、　ただの　でんせつでしょう」
そのとき、　ルーシーが　ちいさく　ひめいを　あげました。
アーサーが　かけよったときには、
もう　ルーシーは　しんでいました。

おなじ　ひ、　ミーナの　もとに
ジョナサンが　かえってきました。
ジョナサンは　なんとか　しろから　にげだしたのでした。
ルーシーの　はなしを　きくと、　ジョナサンは　いいました。
「それは、　ドラキュラの　しわざだ！」
いしゃは　うーむと　うなりました。
「ほんに　よれば、　きゅうけつきに　ちを　すわれて
　しんだ　ひとは　きゅうけつきに　なる。
　そして、　べつの　ひとの　ちを　すい、　どんどん
　きゅうけつきを　ふやしていく。　これを　とめるには、
　きゅうけつきの　むねに　くいを　うつしかない」
アーサーは　あたまを　かかえました。
「ルーシーの　むねに　くいを
　うつなんて、　かんがえたくない」
「とにかく、　ルーシーの
　はかに　いってみよう」
　4にんは　ルーシーの
　はかへ　むかいました。

4にんが　ぼちに　はいると、
きばを　むいた　ルーシーが　おそいかかってきました。
いしゃは　ルーシーに　むかって、　じゅうじかを　みせました。
きゅうけつきは　じゅうじかを　きらうと
ほんに　あったからです。
ルーシーは　うなりごえを　あげて　にげていきました。
アーサーは　つらそうに　かおを　ゆがめました。
「あれは　もう　ルーシーでは　ない。
　ルーシーを　てんごくに　おくるために、
　ぼくが　とどめを　さす」
あさに　なると、
アーサーは　ルーシーの　はかを　あけ、
なかに　よこたわる　ルーシーの　むねに
くいを　うちつけました。

ひが　のぼるに　つれ、

ミーナは　どんどん　きぶんが　わるくなってきました。

ミーナが　しゃがみこむと、

いしゃは　すぐに　くびの　うしろを　みました。

「きずが　ある。　きゅうけつきに　すわれたんだ」

ミーナは　りょうてで　かおを　おおいました。

「ゆうべ、　よなかに　おおきな　コウモリが　くる

　ゆめを　みたの。　でも、　ゆめじゃなかった。

　わたしも　きゅうけつきに　なるんだわ」

ジョナサンは　いかりで　わなわなと　ふるえました。

「ミーナが　きゅうけつきに　なるまえに、

　ドラキュラを　たおしてやる！」

4にんは　ドラキュラはくしゃくの　やかたへ　いそぎました。

やかたに　つくと、　ミーナが　ふらふらと　あるきだしました。
「ドラキュラはくしゃくが　よんでいる……」
「いくな、　ミーナ！」
ジョナサンは　ミーナの　うでを　つかみましたが、
ミーナは　とまりません。
ミーナと　ジョナサンは、　つよい　ちからに
ひきよせられるように　やかたに　はいっていきました。
なかでは、　ドラキュラはくしゃくが　まっていました。
ドラキュラはくしゃくは　マントを　ひるがえし、
ミーナを　つかまえようと　しました。

ジョナサンは　ミーナを　つきとばし、
ドラキュラはくしゃくの　ふところに　とびこみました。
ジョナサンの　せなかに、
ドラキュラはくしゃくの　かぎづめが　つきささります。
「ぐ……」
ところが、　ゆかに　ひざを　ついたのは、
ドラキュラはくしゃくでした。
ドラキュラはくしゃくは　くいの　ささった
むねを　おさえて　ばったり　たおれました。
ジョナサンが　さしたのです。
ミーナは　ジョナサンに　かけよりました。
「よかった。　ミーナ、　のろいが　とけたんだね」
なみだぐむ　ミーナを
ジョナサンは　つよく　だきしめました。

ガリバーりょこうき

世界の名作（アイルランド）／ジョナサン・スウィフト

わたしは　ガリバー。

ふなのりたちの　びょうきを　なおす、ふねの　いしゃだ。

ふねに　のって　いろいろな　くにを　めぐったが、

なかでも　とっておきの　ぼうけんについて　かきとめたい。

あれは、　おおきな　ふねに　のっていたときの　ことだった。
とつぜん、　そらが　まっくらに　なり　かぜが　ふきあれた。
おおきく　うねる　なみに　まきこまれ、
ふねは　たちまち　まっぷたつ。
あっというまに　わたしたちは　うみに　なげだされた。
きがつくと、　わたしは　じめんに　たおれていた。
ところが、　おきあがろうとしても　からだが　うごかない。

なんと、　てあしや　かみが
なわで　じめんに　くくりつけられているでは　ないか。
そのうえ　えんぴつぐらいの　ちいさな　にんげんたちが
わたしの　からだに　はしごを　かけて　のぼってきた。
なにやら　さけんでいるが、　ことばが　さっぱり　わからない。
100にんぐらいの　こびとたちが　じゅんばんに
ちいさな　にくや　パン、　それに　ワインを
わたしの　くちに　いれてくれた。　ぜんぶ　たべきると、
わたしは　うとうとして　ねむりこんでしまった。
あとから　きいた　はなしに　よると、
ワインの　なかに　ねむりぐすりが
まぜてあったそうだ。

めが　さめると、
わたしは　にぐるまに　しばりつけられていた。
こびとたちが　にぐるまを　ひっぱり、
みやこへ　むかっていたのだ。
わたしは　この　くにで
いちばん　おおきな　たてものに　つれていかれ、
ひだりあしに　くさりを　つけられた。
なわを　とかれて　たちあがると、
こびとたちは　めを　まるくした。

やがて、　わたしの　しょくじの　よういを　する　ひとが
600にん、　ふくを　つくる　したてやが　300にん、
この　くにの　ことばを　おしえる　がくしゃが　6にん
やってきた。
こびとの　おうさまが　わたしの　ようすを　みに
きたので、　わたしは　もっていた　ものを　みせた。
かいちゅうどけいに　かみそり、　くし、　ぎんか、　ナイフ、
ピストル。
なかでも、　おうさまは　かいちゅうどけいを
きにいったようだった。
また、　ピストルの　つかいかたを　きかれたので、　そらに
むかって　うって　みせたところ、　なんびゃくにんもの
へいしが　びっくりして　たおれてしまった。

ことばが　わかるように　なると、
わたしは　こびとたちと　なかよくなれた。
こどもたちは　わたしの　かみのけで
かくれんぼを　して　あそぶようにも　なった。
そうして、　わたしが　おだやかで　きけんでは　ないと
わかると、　おうさまの　めいれいで
あしの　くさりが　はずされた。
わたしは　まちの　ひとびとを　ふまないように　きを
つけながら、　おうさまの　きゅうでんを　みに　いった。
まどから　のぞいた　ひろまは　とても　うつくしく、
おきさきさまや　おうじさまは　にこにこと　えがおで
わたしに　あいさつしてくれた。

あるとき、　となりの　くにとの　たたかいが　はじまった。
となりの　くには　うみの　むこう
800メートルほどの　ところだ。
わたしが　うみに　はいると、　となりの　くにの
ぐんかんから　たくさんの　やが　とんできた。
わたしは　やが　めに　はいらないよう　めがねを　かけて
となりの　くにの　ぐんかん　50せきを　ひょいひょい
なわに　つないでいった。
それを　ひいて　みなとに　もどると、
こびとたちが　てを　あげて　よろこんだ。
「ばんざーい、　わが　くにの　しょうりだ！」

ところが、　おうさまは　わたしに　いった。
「のこりの　ぐんかんも　ぜんぶ　もちかえってきてくれ」
てっていてきに　あいてを　まかして、　となりの　くにを
すべて　じぶんの　ものに　しようと　おもったらしい。
わたしは　くびを　よこに　ふった。
「おうさま、　それは　いい　かんがえでは　ありません。
　となりの　くにとは　なかよく　たすけあったほうが
　いいですよ」
おうさまは　むっとしたが、
ほかの　だいじんも　わたしの　いけんに　さんせいしたので、
それいじょうは　めいれいしなかった。

しばらくして、　となりの　くにから　やくにんが　やってきた。
となりの　くに　どうし
なかよくする　やくそくを　するためだ。
となりの　くにの　やくにんは　わたしにも　あいに　きた。
「あなたの　おかげで、　へいわが　まもられました。
　こんど、　わたしたちの　くににも　あそびに　きてください」
わたしは　おうさまに　おねがいした。
「となりの　くにから　しょうたいを　うけたので、
　あそびに　いかせてください」
「いいだろう」
そう　うなずいたものの、　おうさまは　ふゆかいそうだった。

そのばん、 だいじんの ひとりが こっそり わたしに
あいに きた。
「おうさまは あなたが となりの くにの みかたに
　なるに ちがいないと いって、
　あなたを しょばつしようと かんがえています」
それは いやだ。 よくあさ、 わたしは うみを わたって
となりの くにへ いった。
となりの くにの ひとびとは わたしを せいだいに
かんげいしてくれた。

みっかご、となりの　くにの　かいがんを　さんぽしていると、
ひっくりかえった　ボートが　みえた。
わたしは　すぐに　ボートを　ひきあげ　しゅうりした。
これで　じぶんの　くにへ
かえれるかもしれないと　おもったのだ。
ボートが　なおると、
おうさまは　おわかれの　パーティーを　ひらいてくれた。
そのうえ、にくや　パンや　のみものを
たっぷり　もたせてくれた。
うみへ　でて　すうじつご。
おおきな　ふねに　たすけられ、ようやく　わたしは
うちに　かえって　あいする　かぞくに　あうことが　できた。

わかくさものがたり

世界の名作 (アメリカ)／ルイーザ・メイ・オルコット

クリスマスの　あさ。

マーチけの　4にん　しまいが　おきだしました。

いちばんうえの　メグは　16さい。

おしとやかで　しっかりもの。

きんじょの　この　かていきょうしを　しています。

じじょの　ジョーは　15さい。　おてんばだけど、　ほんを

よむことと　ものがたりを　かくことが　だいすきです。

さんじょの　ベスは　13さい。

ひとみしりで　おとなしく、　ピアノを　ひくのが　とくいです。

すえっこの　エイミーは　12さい。

おしゃまで、　えを　かくことが　すきです。

クリスマスでも　おとうさんが　せんそうへ　いって
るすのため、　パーティーを　ひらくことは　できません。
4にんは　がっかりした　きもちで　いっぱいでした。
そこへ、　おかあさんが　かえってきました。
「フンメルさんの　おたくは　まずしくて　たべるものも
　なく　だんろに　ひを　たくことも　できないそうなの」
ジョーが　たちあがりました。
「わたしたちの　あさごはんを　わけてあげましょうよ！」
ベスが　いいました。
「わたしも　おてつだいさせて」
みんなで　フンメルさんの　いえへ
あさごはんを　とどけると、　こどもたちは　おおよろこび。
4にんの　しまいにとっても
うれしい　クリスマスに　なりました。

そのとしの　おおみそかの
よる、　メグと　ジョーは　はじめて
ダンスパーティーに　でかけました。
ところが、　ジョーは　ドレスの　うしろに　やけこげを
つくってしまい、　はずかしくて　ダンスが　できません。
せなかを　みせないよう　カーテンの　うしろに　かくれると、
となりに　すむ　ローリーと　ぶつかりました。
「ごめんなさい。
　どなたも　いらっしゃらないと　おもったんです」
ローリーは　きびしい　おじいさんの　いいつけで
あまり　そとに　でられないため、
ジョーとも　ほとんど　あったことが　ありませんでした。
しかし、　ジョーと　ローリーは　すぐに　なかよくなり、
ひとの　いない　ろうかで　ダンスを　たのしみました。

おしょうがつが　あけると、

ジョーは　となりの　おやしきへ　あそびに　いきました。

ローリーは　おやしきの　なかを　あんないしてくれました。

とちゅう、　おてつだいさんに　よばれて

ローリーが　いってしまうと、

ジョーは　ひとり　しょさいに　のこされました。

ジョーは　ローリーの　おじいさんの　しょうぞうがを　みて

つぶやきました。

「この　かた　ちょっと　がんこそうに　みえるけど、

　わたしは　すき」

「どうも　ありがとう」

なんと、　うしろに　たっていたのは

ローリーの　おじいさんでした。

おじいさんは　にこにこして、

ジョーに　あくしゅを　もとめました。

ジョーと すっかり なかよくなった
ローリーの おじいさんは ときどき マーチけに
やってくるように なりました。
メグと エイミーも おじいさんと すぐに
なかよくなりましたが、 ひとみしりの ベスだけは
なかなか しゃべれませんでした。
おじいさんは ベスが ピアノずきだと きくと、
みんなの まえで それとなく いいました。
「ピアノは つかわないでいると ちょうしが わるくなる。
　どなたか うちに ひきに きてくださると たすかるんだが」
ベスは ドキドキしながらも おもいきって いいました。
「おじゃまでなければ わたし、 うかがわせていただきます」
ローリーの おじいさんは てれくさそうに いいました。
「いつでも おもうぞんぶん ひいてくれれば いい」

それから、 ベスは まいにち、
おとなりで ピアノを ひきました。
しばらくして、 ベスは おじいさんに
おれいを しようと、 スリッパを つくって
おじいさんの しょさいに おいておきました。
しかし、 つぎの ひも、 その つぎの ひも、
なんの へんじも ありません。
（きにいって もらえなかったのかしら……）
ベスが しんぱいしていると、
マーチけに こがたの ピアノが とどきました。
おじいさんが そうこに しまっていた
ピアノを くれたのです。
ベスは おとなりへ いくと、 おじいさんに キスしました。
おじいさんは びっくりしましたが、
これほど うれしいことは ありませんでした。

はる、しまいは あたらしい あそびを はじめました。
みんなで つくった しんぶんを しんしに なりきって よみ、
かいぎを ひらくと いう ひみつの クラブごっこです。
あるひ、ジョーが かいちょうとして ていあんしました。
「しょくん、わが クラブに ローリーさんを
　むかえたいと おもいますが、いかがでありましょう」
「さんせいです！」
めずらしく ベスが きっぱり いけんを いいました。
ジョーは クローゼットの とを さっと あけました。
そこに かくれていたのは ローリーでした。
ローリーは かしこまって おじぎを しました。
「クラブに いれていただいた おれいとして、
　わたしは ゆうびんきょくを つくらせていただきます」

ローリーは　たがいの　にわの　あいだに　ポストを　おき、
りょうほうから　かぎで　あけられるように　しました。
この　ちいさな　ゆうびんきょくには、
まいにち　いろいろな　とどけものが　ありました。
ながい　てがみや、　ポエム、　はなの　たねに、
ピアノの　がくふ、　クッキーや　つけものが
とどくことも　あれば、　おじいさんから　ゆかいな
でんぽうや　こづつみが　おくられることも　ありました。
さらには、　ローリーの　いえの　にわがかりと
マーチけの　おてつだいさんが　ラブレターを
かわすようにも　なったのです。
こころの　こもった　とどけものに
だれもが　えがおを　みせました。

なつの　ゆうがた。

しまいと　ローリーは　おかの　こかげで

しょうらいの　ゆめに　ついて　はなしました。

メグの　ゆめは

「りっぱな　おやしきで　おだやかに　くらすこと」

ローリーは「すきな　おんがくを　やって　くらすこと」

ジョーは「うれっこ　しょうせつか」

ベスは「うちで　みんなの　てつだいを　する」

エイミーは「せかいいちの　えかきに　なる」

「じゃあ、　10ねんごに　みんなで　あつまって、

　どれだけ　ゆめが　かなえられたか　かくにんしようよ」

ジョーの　ていあんに　みんなは　めを　かがやかせました。

ローリーは　ちからづよく　いいました。

「ぜったい、　かなえてみせるぞ！」

きぼうに　あふれた　1ねんが　すぎようと　していた
11がつの　あるひ、マーチけに　おとうさんが　おもい
びょうきに　かかったと　いう　しらせが　とどきました。
おかあさんは　きしゃに　のる　おかねを　かりるため、
しんせきの　いえへ　でかけました。
ジョーは　まちへ　でかけ、
25ドルの　おかねを　もって　かえってきました。
「まあ、こんな　おかね　どうしたの？」
おかあさんが　きくと、ジョーは　ぼうしを　ぬぎました。
「かみを　うったの」
ジョーにとって　かみを　きるのは
とても　かなしいことでしたが、
おとうさんのために　なることを　したかったのです。

おかあさんが　かんびょうに　いってから、
おとうさんは　すこしずつ　よくなっていきました。
ところが、　こんどは　ベスが
びょうきに　かかってしまいました。
フンメルさんの　あかちゃんの　せわを　てつだい、
びょうきが　うつったのです。
ベスの　ぐあいは　どんどん　わるくなっていきました。
すえの　エイミーは　うつらないよう　しんせきの　おばさんの
うちに　だされ、メグと　ジョー、　おてつだいの
ハンナさんで　ベスの　かんびょうを　しました。
おいしゃさんは　いいました。
「こんやじゅうに　ねつが　さがらなければ、　きけんです」

メグと　ジョーは　ベッドの　りょうがわに　すわって、
ベスを　みまもりました。
まよなか、　ベスの　かおいろが　あおじろくなったのを
みて、　ジョーは　もう　だめかと　かくごしました。
そこへ、　おいしゃさんが　はいってきました。
「よかった。　ねつが　さがりました。
　もう　だいじょうぶです」
ジョーと　メグは　だきあって　よろこびました。
すると、　げんかんの　ベルが　なり、
おかあさんが　はいってきました。
ローリーから　しらせを　もらい、
いそいで　かえってきたのです。

クリスマスの　あさ、　ジョーと　ローリーは
にわに　おおきな　ゆきだるまを　つくりました。
ひいらぎの　かんむり、　くだもので　あふれる　かご、
あたらしい　がくふ。
それに　けいとの　かたかけで　かざられています。
それらは　すべて　ベスへの　プレゼントでした。
ゆきだるまを　みて、　ベスは　いいました。
「わたし、　しあわせで　いっぱいよ」
メグ、　ジョー、　エイミーも　うなずきました。
そこへ、　ローリーが　ドアを　あけて　かおを　だしました。
「とびっきりの　クリスマスプレゼントが　とどきましたよ」

あらわれたのは　おとうさん！

メグも　ジョーも　びっくりしすぎて、　こえが　でません。

エイミーは　いすから　ころがりおち、

おとうさんの　あしに　しがみついて　なきだしました。

ベスは　よわよわしくも　じぶんの　ちからで　たちあがり、

おとうさんに　だきつきました。

よろこびの　うちに、

クリスマスパーティーが　ひらかれました。

ローリーと　おじいさんも　いっしょです。

だれもが　これまでで　いちばん　しあわせな

クリスマスだと　おもいました。

アンナ・パブロワ

伝記

アンナは　ロシアの　おおきな　まちで　うまれました。
からだが　ちいさく　びょうきがちだった　アンナの
たのしみは、　おかあさんに　ほんを　よんでもらうこと。
すきな　おはなしは　『ねむれる　もりの　びじょ』でした。
そんな　アンナに　おかあさんは
とっておきの　クリスマスプレゼントを　よういしました。
「さあ、　おとぎの　くにへ　でかけましょう」
ついたのは、　りっぱな　げきじょう。
『ねむれる　もりの　びじょ』の　バレエが
じょうえんされるのです。
バレエを　みた　アンナは　めを　かがやかせて　いいました。
「わたし、　プリマ・バレリーナに　なりたい！」

アンナは　10さいのとき、
バレエの　がっこうに　はいる　しけんを　うけました。
300にんの　なかから　8にんしか　ごうかくできない
きびしい　しけんです。
いよいよ、けっかはっぴょうの　とき。
アンナは　うつむきました。
（きれいで　すてきな　ひとばかり。わたしなんて　むり）
すると、　こうちょうせんせいが　いいました。
「アンナ・パブロワ、　ごうかく　おめでとう！」
アンナは　しんじられない　おもいで、
せんせいと　あくしゅしました。

アンナは　がっこうで、
バレエの　レッスンに　うちこみました。
めざすは　しゅやくの　プリマ・バレリーナです。
しかし、　からだの　よわい　アンナは
きびしい　レッスンに　ついていけません。
はあはあ、　いきを　きらして、　たおれこむばかり。
（やっぱり　わたしには　むりなんだわ……）

あるひ、　こうちょうせんせいが　アンナに
かべに　かかった　バレリーナの　えを　みせました。
「このひとは　マリー・タリオーニという　バレリーナだ。
　きみのように　やせっぽちだったが、
　ぶたいでは　だれよりも　ちからづよく　みえた。
　バレエは　からだだけでなく、　こころで　おどるものなんだ」
（からだと　こころで……）
それから　アンナは　まえむきに　レッスンに　とりくみ、
ぐんぐん　うまくなっていきました。
18さいで　バレエがっこうを　そつぎょうし、
バレエだんに　はいりました。
しかも、　しゅやくの　うしろで　おどる
リーダーの　やくに　えらばれたのです。
　（ここから　はじまるのね。　もっともっと　がんばろう）

アンナは　デビューの　よくとしには
ソロで　おどる　ダンサーに　えらばれました。
そして　20さいで、　プリマ・バレリーナに　なったのです。
さいしょに　おどることに　なった　さくひんは　『ジゼル』。
むらむすめの　かなしい　こいの　ものがたりです。
きんちょうと　ふあんの　なか、アンナは
こうちょうせんせいの　ことばを　おもいだしました。
（からだだけでなく、　こころで　おどる……）

あいする　おうじに　うらぎられた　ジゼルは　しんだあと、
せいれいに　なります。
それでも、　おうじを　まもりぬくと　いう、
かなしくも　うつくしい　あいを　あらわすのです。
アンナは　おうじへの　おもいを、
あたまの　うえから　ゆびさきにまで　こめて　おどりました。
かんきゃくは　たちあがって　はくしゅしました。
「ブラボー！　アンナ・パブロワ！」
アンナの　おどりは　しんぶんでも　ほめたたえられ、
いちりゅうの　バレリーナとして　みとめられました。

アンナが　23さいの　とき、
ロシアでは　くにに　ふまんを　もった　ひとびとと
ぐんたいが　しょうとつして、おおくの　ひとが　しぬ
じけんが　おきました。
（こんなときに　わたしは　なにを　したらいいの……）
なやんだすえ　アンナが　はっぴょうしたのは、
きずを　おい、いまにも　しにそうな　はくちょうが
もういちど　とびあがろうとする　おどりでした。
「いまこそ、ロシアの　ひとびとに
　いきる　きぼうや　ゆうきを　とどけたい！」

ぶたいの　うえで　アンナは　はくちょうに　なりきりました。
しなやかな　うでで　いきようと　はばたき、
ぜんしんで　くるしみ、　よろめきます。
やがて　ちからつきて、　ぶたいを　つつみこむように
しずかに　いきたえるのです。
はげしく　おどった　あとにも　かかわらず、
アンナは　まくが　おりるまで　いきを　とめました。
それは　だれも　まねの　できない　えんぎでした。
この　さくひんは　『ひんしの　はくちょう』と　よばれ、
アンナの　だいひょうさくと　なりました。

やがて、　アンナは　じぶんの　バレエだんを　けっせいし、
せかいじゅうを　こうえんして　まわるように　なります。
アンナの　バレエは　どこでも　かんどうを　よびましたが、
おおきな　せんそうが　はじまると、
バレエだんを　つづけるための　おかねが　へっていきました。
しかし、　アンナは　めげませんでした。
うしを　はこぶ　ふねで　いどうしようと、
そとで　こうえんすることに　なっても、
さいこうの　おどりを　みせました。

あるとき、こうえんにむかう　とちゅう、　じこで　れっしゃが
うごかなくなり、　アンナは　つめたい　あめかぜの　なか、
ちかくの　むらまで　あるいていきました。
ようやく　ついた　ホテルで　アンナは　ねつを　だし、
おもい　びょうきに　かかってしまいました。
かけつけた　おいしゃさんは　いいました。
「しゅじゅつを　すれば　たすかります。　しかし、
　しゅじゅつを　したら、　おどることは　できないでしょう」
アンナは　しゅじゅつを　ことわり、　いいました。
「はくちょうの　いしょうを　もってきて……」
アンナの　ほそい　うでが　あがり、
ぱたっと　いしょうの　うえに　おちました。
じぶんの　すべてを　バレエに　ささげ、
アンナは　しずかに　このよから　とびたっていったのです。

ナイチンゲール

伝記

（なんて　たいくつなのかしら）
フローレンス・ナイチンゲールは、
おちゃかいに　あきあきしていました。
おかねもちの　ナイチンゲールけでは　まいにちのように
おちゃかいや　パーティーが　ひらかれます。
でも、　フローレンスは　はなやかな　つきあいより、
ひとりで　ほんを　よんだり、
べんきょうしたり　するほうが　すきでした。

あるとし、　イギリス　ぜんたいで
さくもつが　とれなくなり、
おおくの　ひとが　くらしに　こまりました。
フローレンスは　おかあさんに　たのまれて、
むらの　ひとたちに　たべものを　くばり、
てだすけを　して　あるきました。
びょうきの　ひとを　かんびょうしてからは、
（どうしたら　びょうきの　くるしみから
　すくうことが　できるのかしら）
と、　かんがえるように　なりました。

フローレンスは　かぞくに　いいました。
「わたしは　かんごしに　なりたいです」
しかし、　かぞくは　だいはんたい。
このころの　びょういんは　ふけつで　かんごしも
いい　しごととは　おもわれていなかったからです。
フローレンスは　あきらめることなく、
かんごに　ついて　べんきょうしつづけました。
（わたしは　びょうきの　ひとを　すくうことに
　いっしょうを　ささげよう）

フローレンスは　ともだちの　しょうかいで、
ドイツの　びょういんで　3かげつ　はたらきます。
（びょういんは　たくさんの　もんだいが　ある。
　まず、　かんごの　しかたを　かえないと　いけない！）
そのあと、　フローレンスは　ロンドンにある　びょういんを
よくするよう　たのまれます。
フローレンスは　かんじゃの　せわを　しながら、
びょういんの　せつびや　しくみを　かえていきました。
どの　かいにも　おゆが　でるようにし、
しょくじを　にかいに　はこぶ　リフトを　つけ、
かんじゃが　かんごしを　よぶ　ベルを　つけたりしました。
これらは　すべて、　そのころの　イギリスの
びょういんでは　めずらしいものでした。

このころ、　イギリスは　ほかの　くにと
せんそうを　していました。
せんちでは　たくさんの　へいしが
てあても　うけられずに　しんでいます。
そのことを　しった　フローレンスは　けついしました。
　（せんちへ　いって、へいしを　たすけよう！　これこそ、
　　かみさまが　あたえてくださった　しごとだわ）
だいじんも　フローレンスに　たのみました。
「あなたに　かんごしだんの　だんちょうに
　　なってもらいたい」
フローレンスは　38にんの　かんごしを　あつめて、
せんちへ　むかいました。

ところが、せんちでは　かんごしだんを　よく　おもわない
いしが　フローレンスを　むしするなど、
いじわるを　しました。
フローレンスは　いじわるに　たえ、
ひっしで　はたらきました。
ちりょうを　てつだい、びょうしつを　ととのえ、
よわっている　ひとに　はなしかけました。
へいしの　こころが　やすまるように、ほんを　よんだり、
ゲームを　したりできる　へやも　よういしました。

フローレンスは　へいし　ひとり　ひとりに　むきあい、
こころを　こめて　かんごしました。
ぐあいが　わるく、　ふあんを　かかえる　へいしに　とって、
フローレンスは　こころの　やすらぎに　なりました。
よる、　ランプを　もって　びょうしつを　みてまわる
フローレンスは「ランプを　もった　てんし」と　よばれ、
イギリスで　ゆうめいに　なりました。

せんそうが　おわったあと、　フローレンスは　びょういんを
よくするために、　しらべたことを　かいて　まとめました。
そして、　じょおうや　だいじんに　せつめいしました。
「へいしが　しぬ　りゆうの　おおくは、
　たたかいで　けがを　したためでは　ありません。
　びょういんが　きたなく、　しょくじの　ないようが
　わるいことで、　びょうきが　ひろがったためです。
　びょういんを　かえることが　たいせつです」

フローレンスの　いけんに　はんたいする　ひとたちにも、
フローレンスは　くりかえし　じじつを　つたえ、
しりょうを　つくって　ていねいに　せつめいしました。
しかし、　やすみなく　はたらきつづけたせいで、
ついに　たおれてしまったのです。
　（まだ　やらなくては　ならないことが　たくさんある。
　　やすんでいる　ひまなんか　ないわ）
フローレンスは　ちからを　ふりしぼって、
びょういんを　よくする　アイデアを　はっぴょうしました。
その　かんがえは　じわじわ　ひろまっていき、
あたらしい　びょういんが　つぎつぎに　たてられました。

それからも、　フローレンスは　ほんを　かいたり、
かんごがっこうを　つくったりして、
かんごの　たいせつさを　つたえました。
フローレンスの　いけんを　もとに
まずしい　ひとを　すくう　ほうりつも　できます。
　（これは　はじまり。　もっともっと、　いろいろな　ことが
　　よくなっていくはずよ）
フローレンスは　かんごの　せんもんかとして、
なんじゅうねんにも　わたって、　ちからを　つくしました。
その　かんごの　ありかたは、
ひとを　おもいやる　あたたかな　きもちと　ともに、
せかいじゅうに　ひろまっていきました。

文♥ささきあり

東京都在住。おもな作品に『ゆめいっぱい みんなプリンセス おんなのこのめいさくえほん』『ゆめいっぱい みんなだいすき おんなのこ はじめてのめいさくえほん』『ゆめいっぱい こころときめく おんなのこ かんどうのめいさくえほん』(以上、西東社)、『アナグラムで遊ぼう けんじのじけん』(あかね書房)などがある。『おならくらげ』(フレーベル館)で第27回ひろすけ童話賞を受賞。一般社団法人 日本児童文芸家協会会員。

絵♥

いのうえたかこ［さいごのひとは／アンナ・パブロワ］

花珠［みつばちマーヤ／てぶくろ／ガリバーりょこうき］

佳奈［ほしのぎんか／かえるひめ／アンのあいじょう］

スギ［ガチョウばんのむすめ／みつばちのじょおう／かしこいおきさき］

七海トモロウ［にげだしたパンケーキ／ひみつのはなぞの］

星谷ゆき［ふしぎのくにのアリス／わかくさものがたり］

マーブルCHIKO［おいしいおかゆ／うりこひめ］

もかろーる［ゆきしろとばらべに／くるみわりにんぎょう］

橙花らうん［ジャックとまめのき／アイリーのかけぶとん／ナイチンゲール］

路地子［あしながおじさん／ドラキュラ］

鷲尾美枝［ムーラン］

カバーイラスト	星谷ゆき
装丁・本文デザイン	棟保雅子
編集協力	石田純子

※本書は、下記の当社書籍から25話を厳選し、再編集したものです。
『おんなのこのめいさくえほん』『おんなのこ はじめてのめいさくえほん』
『おとこのこのめいさくえほん』『おんなのこ かんどうのめいさくえほん』
『おんなのこ とっておきのめいさくえほん』『おんなのこ どうぶつのめいさくえほん』

ウキウキたのしい おんなのこの めいさくだいすき

著　者	ささき あり
発行者	若松和紀
発行所	株式会社 西東社
	〒113-0034　東京都文京区湯島2-3-13
	http://www.seitosha.co.jp/
	営業　03-5800-3120
	編集　03-5800-3121〔お問い合わせ用〕
	※本書に記載のない内容のご質問や著者等の連絡先につきましては、お答えできかねます。

ISBN　978-4-7916-2788-2